无罪辩护

刑事辩护思维与实务技能

张成 律璞玉 著

中国法制出版社

CHINA LEGAL PUBLISHING HOUSE

自 序

行而不辍、未来可期

法者，国家所以布大信于天下。

——《贞观政要·论公平》

优秀的狙击手，是子弹喂出来的，优秀的刑辩律师，是实务知识和实战经验积累出来的。丰富的知识和经验，仅仅是刑辩律师的"必备储备"，在具体案件中辩护发挥的作用大小，还取决于律师对个案的驾驭、对办案时机等微妙细节的直觉和高超机变的沟通艺术。

刑事辩护思维与实务技能系列为三本：

一本是笔者近年来的文章汇总，意在倡导刑辩律师建立尽可能广而深的专业通识，避免"巧妇难为无米之炊"。文章反映基础实务问题，内容通俗易懂。一本是刑事法律人的办案工具书。

本书则以笔者近年来办理案件的法律文书为主体内容，以介入案件办理的不同诉讼阶段——侦查、逮捕、审查起诉、一审、二审乃至申诉——为主轴划分章节，基本涵盖了刑事辩护各阶段主要、常见、多发的控辩争议。书中收录的文书以辩护词为主，也有非法证据排除申请和辩方证据清单、法律意见。在涉及的罪名上，从故意杀人、故意伤害（致死）、强奸、合同诈骗等常见多发的普通刑事犯罪，到行贿、受贿、巨额财产来源不明、非国家工作人员受贿、向非国家工作人员行贿、挪用资金、职务侵占、违法发放贷款等职务犯罪，针对企业特定法律问题出具的法律意见，再到近几年高发的"涉黑""涉恶"犯罪，均有涉及。通过这些在我们看来具有一定典型意义的案件，全面展示了我们通过系统构建辩护意见为促进司法公正所作出的努力。

本书共计十章，每一专章都写有"编者按"，意图提纲挈领地提示本章要点或办案思考。每一个案例分为"办案掠影""文书节选""辩护（工作）要点"三部分，其中，"文书节选"部分均来自办案过程中亲撰的辩护意见，为节约篇幅仅节选了其中关键的争议问题；"办案掠影"部分回顾了案件办理的各方面概况；"辩护（工作）要点"部分则将办案中的工作思路、方法、心路历程，简要且真实地呈现给读者。慎重起见，本书涉及的单位及人物名称均做了技术处理；还隐去了原辩护意见中证据所在的卷宗和页码；对于枝节争议问题，也做了相应的删减；尤其对黑社会性质组织案件的辩护意见，仅节选了笔者对基本问题的总体观点。

在这些真实案件中，有些案件几天内就取得了比较完满的结果，有些案件历经数载才终获无罪结果，还有些案件"求其上、得其中"。对其中无罪辩护成功的案件，坦率说有辩护得力的功劳，更是承办侦查人员、检察官和法官的公正立场与扎实办案发挥了重要作用。书中也收录了在我们看来问题较为明显，但最终的辩护效果却比较有限的案件。

同时，书中也收录了一些有罪从轻辩护的案件，意在避免使读者产生"所有案件都可以做无罪辩护"的错觉。制定辩护方案、辩护策略，必须建立在尊重案件事实、尊重法定证据的基础上。追求法定真实，是法律人有效交流所必须遵循的共同的语境。根据法律规定，对行为性质有辩解，不应当影响量刑。作为辩护律师，应当奉法为神，该无罪的坚决要做无罪辩护，否则就有可能出现辩护律师做有罪从轻辩护，法院作出无罪判决的尴尬局面。在实务操作中，程序（证据）辩护应侧重于服务实体辩护，实体辩护有时要借助于程序（证据）辩护。在确定辩护方案时，应当慎重衡量利弊、充分释法说理，使当事人、委托人在充分了解各种可能性的前提下就辩护路径、方案、策略进行选择并充分理解和配合。

"真正的刑法现代化应当是国家和社会逐步摆脱社会治理对刑法的依赖，而不是刑法纠结其中越来越深。"[1] 本书意在弘扬刑法谦抑精神，从这些案例强调刑事法律人沉甸甸的社会责任——刑罚是一柄锋利的双刃剑，用之不当则国家和个人双受其害——这需要全体刑事法律人的共同努力。

康德曾说："世界上只有两件事能震撼我的心灵，一是人们心中崇高的道德准则，二是我们头顶灿烂的星空。"大音希声，大象无形，大智若愚，大巧若拙。刑辩律师要实实在在从案件的具体情况出发，少奇技淫巧，多职业操守；少空泛议论，多法条法理；少空话、虚话、套话，多实话、真话、共情，不让技巧胜过品德。辩护意见的撰写"技巧"无外乎聚焦核心辩点，从证据、事实、法律、情理角度阐述清楚。内容决定形式，形式服务于内容。

罗曼·罗兰曾在《米开朗琪罗传》中写道："世界上只有一种英雄主义，就是看清生活的真相之后依然热爱生活。"身为法律人，当前的困难、当前的问题就是我们当下的使命所在。刑事辩护关系着人命，关系着财产万千。人莫不饮食，而鲜知其味，这世间的悲欢其实相通。刑辩律师于当事人最危急窘迫的时刻与其相遇，每个案件都亲历其中。刑辩律师对世界的认识，远不止于周遭，而是人饥己饥，人溺己溺。

物有本末、事有终始，知所先后、则近道矣。艰难困苦，玉汝于成。尽职尽责的刑辩律师们像一束束微光，看似毫不起眼、似有若无，但却静水流深，光而不耀。

天道酬勤、人道酬诚、业道酬精、厚德载物。向每一位业务精专、勤勉尽责、锦心绣口的刑辩律师们致敬。

恒者行远，思者常新，博观约取，事辩以德。

愿天下无冤。

张成　律璞玉

2023 年 9 月于北京

1　何荣功：《以整体主义视野推进刑法现代化》，载最高人民法院官网，https://www.spp.gov.cn/spp/llyj/202205/t20220519_557202.shtml。

目 录

第六章 二审阶段

第七章 死刑复核

第八章 申请再审

第九章 法律意见

第一章

侦查阶段

编者按： 对辩护工作而言，审查起诉前尤其是捕前侦查阶段和提请批准逮捕阶段是工作重点，即刑事辩护的黄金 37 天。刑事案件立案大致可分为"从人到案"和"从案到人"两种情况。前者是先有犯罪嫌疑人，后发现刑事案件，多数以犯罪嫌疑人主动向司法机关自首、坦白开始，发生根本性错案的情况并不多见。后者是先发现刑事案件，多为犯罪结果被发现或者被害人报案引发，根据现有证据或证据线索排查，提出"犯罪假说"，再通过侦查活动排除不成立的"假说"，最终确定案件性质并锁定具体犯罪嫌疑人的过程。这种"从案到人"、缩小范围的过程，靠的是现有证据和逻辑推理。在现有在案证据不能准确锁定具体犯罪嫌疑人的情况下，侦查手段在排除"假说"并最终锁定犯罪嫌疑人的过程中起到重要作用。已平反的大多数冤错案件，都是因为在这一过程中出现了偏差，将侦查假说不自觉地作为唯一的侦查方向或侦查目标。

侦查阶段之初，侦查机关和侦查人员处于建构"犯罪假说"，并对"犯罪假说"进行证实的阶段。此时若能及时提出专业的无罪抗辩意见，帮助侦查人员修正"犯罪假说"，最容易实现辩护目的，是预防错案的最好时机。

此外，侦查阶段申请取保候审的成功率也更高。2022 年 9 月 5 日，最高人民法院、最高人民检察院、公安部和国家安全部联合发布了《关于取保候审若干问题的规定》（公通字〔2022〕25 号），对 1999 年印发的《关于取保候审若干问题的规定》（公通字〔1999〕59 号）进行了修订。新规规定，对于采取取保候审足以防止发生社会危险性的犯罪嫌疑人，应当依法适用取保候审。少捕慎诉刑事理念正在落地。

以我们的经验，辩护律师在侦查、逮捕阶段的工作，一般要注意以下几个方面：

第一，要有红线意识，注意执业风险。在侦查阶段，辩护律师并无可靠的渠道去了解和掌握侦查机关工作的具体内容，但有经验的辩护律师可以在会见过程中，通过同犯罪嫌疑人的沟通掌握一些基本案件事实，甚至推测出侦查机关的侦查动向、管窥案件主要焦点问题。此时，应避免对外透露、谈论具体案情，防止泄密影响案件办理。

第二，辩护律师在侦查阶段要注意保护犯罪嫌疑人的合法权益。会见时要注重向犯罪嫌疑人核实讯问有关情况，发现犯罪嫌疑人的合法权益受到侵害的，应当根据情况采取有效措施。

第三，辩护律师在侦查阶段的工作重点在于及时提出无罪、罪轻、变更强制措施的意见，及时提请侦查机关收集、固定无罪、罪轻的证据。

案例一：孙某某涉嫌强奸罪

办案掠影

孙某某，男，32岁，北京某事业单位职员。2017年年初，孙某某在上班期间，因涉嫌"强奸罪"被北京市公安局某区分局带走，随后被刑事拘留。笔者接受该案委托后，第一时间列出该案发问提纲并交给团队成员去会见在押的孙某某。第二天，团队成员通过会见，了解了事情经过。第三天，笔者将撰写的孙某某不构成强奸犯罪的辩护意见交到侦查机关办案人手中。第四天，该案撤案，孙某某被释放。

文书节选

一、从案发时空条件看，犯罪嫌疑人实施强奸犯罪的可能性极小

强奸罪属于暴力侵害妇女性自主权的严重犯罪，是指以暴力、胁迫方式强行与被害人发生性行为的行为。一般而言，行为人多选择偏僻无人之境实施犯罪，犯罪后亦会采取相应措施避免罪行败露。而本案中，被害人为按摩服务场所按摩

员，犯罪嫌疑人是前往消费的顾客，双方系在按摩场所初次相识。被害人显然对其长期工作的场所，尤其是人员的流动性、店内房间设施和隔音情况十分熟悉。

首先，在这样的场所内，犯罪嫌疑人不可能以暴力手段相胁迫。案发时犯罪嫌疑人作为消费者，脱光衣服躺在按摩床上接受被害人的按摩服务。试想，假若其以暴力手段欲行强奸：1. 被害人逃脱轻而易举，犯罪嫌疑人会因此立即陷入窘境；2. 门未上锁，被害人一呼救就会立即引来救助，服务场所其他人员破门而入很容易；3. 被害人身上没有伤痕，衣服也没有被撕扯的迹象。

其次，关于双方发生性行为的体位，一方面，此体位没有被害人配合，几乎无法进行；另一方面，这样的体位使得被害人呼救更加没有障碍。但全过程中，未有人听到被害人呼救。

综上，从案发所在的场所性质分析，犯罪嫌疑人强奸被害人的可能性极小。

二、从双方当事人事后表现看，被害人反应也不符合常情常理

案发时及案发后第一时间，被害人都有条件报警，但没有报警。双方发生性行为后，被害人穿好衣服到外面给犯罪嫌疑人倒了一杯水。试问，哪个被害人会对强奸自己的犯罪嫌疑人如此体贴？犯罪嫌疑人则冲了澡，短暂休息后，按照与被害人的约定，到前台充值 1 万元（按摩员从中有提成），准备日后再来消费。

可见，被害人在案发后的表现也不符合情理。被害人报案陈述内容真实性存疑。

三、侦查机关讯问时没有依法记录犯罪嫌疑人辩解内容

侦查机关对犯罪嫌疑人供述和辩解的记录应当忠实于原意、原话，尤其要记录犯罪嫌疑人的辩解内容。会见时，犯罪嫌疑人申诉称侦查机关讯问时未依法记录其"没有强迫，没有暴力，被害人按摩时对其敏感部位进行挑逗后，才与其商量，被害人称'只需充值 1 万元，便自愿与其发生性行为，其只赚取提成'"的关键辩解，以及双方达成性行为合意后，被害人在性行为过程中积极配合性行为等重要内容。

四、本案尚需补充证实犯罪嫌疑人无罪的证据

根据犯罪嫌疑人辩解，本案应调取案发地即被害人工作服务场所内的监控录像、充值记录、被害人提成记录等证据。

辩护要点

强奸罪属于常见、多发的严重侵害人身权利的案件。相对于使用暴力、胁迫手段强行与妇女发生性行为的典型强奸犯罪，发生在熟人之间利用强势地位或者"下药"等手段，使得反抗表现并不明显的非典型强奸案件的判断更加复杂。围绕是否违背妇女性自主权的事实，这类案件更应注重以下事实的审查：双方关系基础、交往背景；案发时双方相处的原因和案发时间、空间选择是否违背被害人意志及其表现；发生性行为次数、方式等具体细节；是否有精液并被提取；有无反抗、受伤、呼救；有无经济补偿的主张及相关事实、证据线索；报案的时间与案发时间间隔长短及报案原因、过程；有无有罪供述及有罪供述的取得是否合法、自愿，是否有证据相互证实或证否；如有翻供，翻供的原因及辩解理由是否符合常情常理。

在侦查阶段，了解相关案情，及时同侦查机关沟通，是第一要务。工作到位就可以起到辅助侦查机关决策、实现当事人利益最大化的作用。强奸案件往往因案件事实具有当事人"一对一"属性，情况真假难辨。辩护律师既要充分认识被害人对案件走势的重要作用，又要避免不当接触被害人，自陷风险。

明星吴某凡涉嫌强奸被刑拘的新闻曝光时，很多人提出疑问：事过很久，涉嫌强奸的证据如何收集？单纯言词证据能否据以定案？这显然是不甚了解非典型强奸罪犯罪构成的表现。事实上，如果当事人双方对发生性行为的事实不持异议，且有客观性证据（如聊天记录等）足以佐证，那么在"灌醉""下药"的情况下，认定构成强奸罪不需要精液、撕破衣服、殴打辱骂或反抗方面的证据。

案例二：万某涉嫌寻衅滋事罪

办案掠影

金服集团是互联网金融领域知名公司，旗下拥有数家分公司。2021年9月某日，集团负责人万某在办公室被侦查机关带走。事发突然，集团高层迅速反应、果断决策，及时封锁了消息并与侦查机关开展对话，表达了集团将积极配合侦查机关工作的态度。通过对话，集团了解到万某涉嫌的罪名是"寻衅滋事罪"。

寻衅滋事罪，看似是刑法中普通且常见的一个罪名，牵涉到企业家和企业却可能涵摄多重含义：既可能是企业负责人个人行为引发，也可能是金融业务实际操作方式引发，还可能这个罪名仅仅是涉嫌罪名之一，真正的侦查方向深藏不露，真正的侦查目的处于保密阶段。

笔者律师团队接受委托时恰逢周末，犯罪嫌疑人万某羁押地交通亦属不便，无法及时会见。虽然无法从当事人处获取直接信息，但为了在侦查机关下一步决策前，提出对当事人有利的证据和专业有效的法律论证意见，实现不批捕或者撤案的目的，律师团队仍立即组织开展工作。首先，团队向万某的亲人、朋友了解了万某近期是否有涉"寻衅滋事"的争议事件；其次，考虑到立案罪名可能只为启动追诉程序、方便后续侦查，侦查方向极有可能是金服集团，律师团队安排成员详细研究该集团及集团分公司的系列金融资质、经营模式，企业具体经营过程中发生的争议。掌握基本情况后，从三个方面对万某不构成犯罪展开了第一轮分析论证：第一，万某个人行为不构成寻衅滋事罪；第二，万某创立的金服集团及其旗下公司开展的金融业务具有合法资质属合法经营；第三，万某创立的金服集团及其旗下公司的具体经营行为不构成索债型寻衅滋事罪。

律师团队在审查逮捕阶段，停留于万某被羁押所在地数日，反复与侦查机关办案人、审查逮捕部门的办案人就万某可能涉及的各方面犯罪嫌疑一一进行研讨。

办案单位对万某被立案侦查的真正原因始终不予披露，仅听取了律师陈述万某无罪的相关意见。在审查批准逮捕的最后一天，万某终于获得一纸不予批准逮捕决定书，被依法释放，案件撤销。

📋 文书节选

一、金服集团及其旗下公司的具体经营行为严格依法，与"套路贷""新型金融诈骗""黑恶犯罪"无关

金服集团运营的各项金融产品均具有合法的金融行业资质，产品合法性均得到法定渠道审查确认，企业系行业规范标兵，不涉及"套路贷""新型金融诈骗""黑恶犯罪"等违法犯罪问题。

1. 关于"套路贷"的认定。2019年2月28日最高人民法院、最高人民检察院、公安部、司法部发布的《关于办理"套路贷"刑事案件若干问题的意见》（法发〔2019〕11号，以下简称《意见书》）第三条明确规定：实践中，"套路贷"常见犯罪手法和步骤包括但不限于以下情形：

（1）制造民间借贷假象。主要指行为人以"小额贷款公司"等名义，以"保证金""行规"等虚假理由诱使被害人基于错误认识签订金额虚高的"借贷"协议。"虚高"一般以双倍或者三倍以上借款金额为认定标准，在此环节存在虚构事实、隐瞒真相行为，使被害人基于错误认识签订金额虚高的"借贷"协议，可成立诈骗犯罪。

（2）制造资金走账流水等虚假给付事实。利用虚假给付事实，采取诉讼手段迫使被害人遭受资金损失，可成立虚假诉讼犯罪。

（3）故意制造违约或者肆意认定违约。犯罪嫌疑人、被告人往往会以设置违约陷阱、制造还款障碍等方式，故意造成被害人违约，或者通过肆意认定违约，强行要求被害人偿还虚假债务，可成立敲诈勒索或寻衅滋事犯罪。

（4）恶意垒高借款金额。当被害人无力偿还时，有的犯罪嫌疑人会安排其所属公司或者指定的关联公司、关联人员为被害人偿还借款，继而与被害人签订金额更大的虚高"借贷"协议，通过这种"转单平账""以贷还贷"的方式不断垒高"债务"。使用暴力手段追索虚增债务的，可构成敲诈勒索、寻衅滋事犯罪。

（5）软硬兼施"索债"。在被害人未偿还虚高"借款"的情况下，犯罪嫌疑人、被告人借助诉讼、仲裁、公证或者采用暴力、威胁以及其他手段向被害人或者被害人的特定关系人索取"债务"。视手段不同可能成立虚假诉讼犯罪、敲诈勒索犯罪或寻衅滋事犯罪。

2. 万某创设的集团及其旗下企业没有涉"套路贷"相关不法经营行为。集团的经营产品设计均依法申请专利，具备合法性，不存在虚构事实、隐瞒真相的诈骗犯罪行为。其所有金融产品的借款本金构成、手续费、服务费、保证金、还款方式、违约责任等问题，均通过格式合同及特殊条款提示的方式，在借款之前保证服务对象充分了解，利息也在国家法律规定范围之内，没有任何欺骗行为，不可能构成诈骗罪。不存在"虚增本金、流水"等行为，不存在"敲诈勒索、寻衅滋事"等非法催收行为。

3. 万某作为拥有近万名员工的集团总负责人，其行为具有抽象性、纲领性。一方面，万某身为企业创始人、总负责人，身兼多项社会职务，其个人行为与企业行为虽密不可分，但其企业旗下分公司众多，员工总计达万余人，万某并不能事无巨细地参与企业决策具体实施、执行的问题，其主要企业行为均带有企业经营方略、总体决策等纲领性质。另一方面，结合金服集团及其旗下主要企业的经营范围、与第三方签署的各种合作合同，不难发现，万某始终谨言慎行，注重防范企业经营各阶段的各类风险尤其是刑事风险，注重保障企业服务对象的各项人身权利。

综上所述，无论是万某个人，还是万某企业经营的宏观行为，都不符合具体罪名的犯罪构成。根据罪责自负原则，万某本人也不应对企业的下游经营行为、旗下企业，合作经营的第三方可能存在的不法行为负个人或管理责任。

二、金服集团及其旗下企业是得到官方认可的互联网金融领域优质企业

2018年7月18日，万某的金服集团与S市政府正式签署战略合作协议，共同成立合资公司，在金融科技创新、普惠金融等方面展开全面合作。2019 年 2 月，N 市市委书记到 X 市招商，万某代表金服集团参加此次招商大会，并签订投资意向协议。可见，万某及其金服集团是得到政府部门官方认可的企业家和优质金融企业，是政企合作的重要合约单位。

三、处理意见和建议

贵局在没有充足证据的情况下，对贵省及省地方政府考察认证并建立合作关系的合作单位负责人、企业家万某采取限制人身自由的强制措施，不仅是对万某及其所在企业的实际损害，也损害了贵省及省地方政府的良好形象，可能造成一定程度的负面影响。因此，我们依法建议：

1. 依法释放万某或变更强制措施。
2. 依法查处不实举报，纠正错误立案行为。

法治社会的共建需要方方面面的共同努力。我们坚决拥护党和国家依法打击互联网金融领域非法乱象的决策，希望政府及各执法、司法部门充分保护企业家人身和财产安全，切实贯彻中央关于保障企业家合法权益的精神，立即释放万某或依法变更强制措施，避免因万某被不当羁押，引发涉案集团难以修复的经营危机、危害服务客户，造成经济损失和社会不稳定风险。

🗨 辩护要点

企业发展需要市场环境和法治环境的稳定。以物美案为例，物美案发时已是业内巨头且颇具发展前景，但当企业及其法定代表人涉罪被立案、定罪后，巨头轰然倒塌。尽管此案历时十余年后改判，但物美早已失去了原有竞争力，辉煌不再。物美及其法定代表人再审宣告无罪后，再次引爆了企业家涉罪辩护、企业家权益保护话题，国家有关部门包括各级司法机关出台了一系列文件，引起刑事辩护界的广泛关注和热烈讨论。

即使如此，"远水不解近渴"，对于全国各地已进入刑事诉讼程序的企业及企业家涉罪的合法权益保护工作任务艰巨。刑辩律师在各自代理的案件中，需要投入更多心血和精力。

企业和企业家涉罪有其自身特点。简单说，与个人涉罪相比，企业具有单位或法人属性，法律赋予企业独立的人格，在实践中，企业负责人、主要责任人的个人自由和家庭和谐会直接影响企业经营的"生态平衡"，影响企业员工的发展。这种情况在金融行业尤其明显。一般而言，在企业家涉罪案件中，受到犯罪嫌疑人及其企业背景的影响，侦查机关的各项决策相对更加慎重，研究、讨论、请示汇报几乎是必经程序。法律规定给出了侦、捕、诉、审各阶段的时限，但在具体案件侦查过程中，时限运用是因案而异的。办案时限是法定的最长时间，出于办案的各种需要和考虑，或者仅仅是因为办案人个人办案习惯，在法定期限内的某个节点结束本环节工作、案件流转到下一环节的可能性是时刻存在的。有些重大案件，捕、诉办案人可能在侦查阶段就提前介入。刑事辩护律师不能将工作拖延至时限马上届满之时，而应当时时处处尽可能地把工作做在办案人动作之前，把工作做扎实，尽早提交书面法律意见，以备侦查机关办案人员研究和汇报之用。只有千方百计让侦查机关和办案人在决策之时能够充分考虑辩护律师的法律意见，才能将辩护律师的价值充分发挥，才能切实保障当事人合法权益。

刑辩律师必须非常清楚侦查机关的办案思维和运作程序。在本案的办理中，律师团队在深谙侦查、批准逮捕机关思维特点的前提下，真正从金融企业家及其企业利益出发，思虑周全、谋定后动。

第一，律师团队将万某创设的金服集团及其旗下企业的公司章程，议事决策规则，所有金融产品的借款本金构成、手续费、服务费、保证金、还款方式、违约责任等公司文件全部审查了数遍，反复确认可疑环节，进行了详尽、规范的合法性论证，为与侦查、批捕机关沟通做了特别充分的准备。[1]

第二，在信息完全不对等的情况下，在与侦查和审查逮捕办案人沟通时，应尽可能翔实地对可能涉罪的所有疑点一一加以论证，防止挂一漏万。

1　出于保密需要，本书不披露论证内容和过程。

第三，信息不对称状态下的沟通是非常困难的，需要付出更多的耐心和恒心。本案中的沟通实际付出了远较本文所能载明更多的心血。辩护律师不怕碰钉子、坚持不放弃的态度和专业的意见最终说服了办案人，办案人会同其主管局长一起认真听取了意见。与审查逮捕部门办案人及其主管领导的汇报也同样曲折。但这种沟通工作最终使得审查逮捕部门的不予批准逮捕决定顺利得到侦查机关认可，侦查机关没有就不予批准逮捕决定提请复议复核，排除了工作隐患。

第四，对著名企业家的立案、侦查、批捕，往往同时受到上级主管单位和政府有关部门的关注。为了消除办案人和办案机关的顾虑，辩护律师在努力实现与办案机关良性沟通的同时也配合了向上级单位以及当地政府部门依法申诉等配套方案，也对最终的处理结果起到了一定作用。

本案紧紧抓住审查批准逮捕阶段的重要时机，成功实现了辩护目标，起到了为涉案金融企业家及其企业的平稳发展保驾护航的作用。

第二章

审查逮捕阶段

编者按： 审前辩护越来越得到重视，这是因为，无论法庭交锋多激烈、辩护人发言多精彩，公诉人通常仍有机会"翻盘"。他们有权依法申请延期审理，有权申请再次启动庭审调查和辩论程序。所以，一次庭审的精彩表现，不见得真正起到作用，带来的后果也可能仅是诉讼时间的延长。因此，大多数情况下，更务实的选择是将辩护工作的重心前移，及时同侦查机关、检察机关交换意见，力求将问题案件"扼杀在摇篮中"，能在审判阶段前解决一些争议，就不要把问题拖到庭审阶段再提出。

侦查机关提请批准逮捕时，会在《移送审查逮捕意见书》中载明侦查机关认定的犯罪嫌疑人涉嫌的事实、罪名。有时，《移送审查逮捕意见书》中所载明的事实、罪名不能得到检察机关审查逮捕部门的认可；还有时，检察机关经审查后，认为犯罪嫌疑人还有涉嫌犯罪的事实、罪名，但未在《移送审查逮捕意见书》中载明。无论是哪种情况，审查逮捕乃至其后的审查起诉阶段，大多会就影响事实、罪名认定的相关问题要求侦查机关继续侦查，补充相关证据，而补充侦查及检察机关的审查结果最终将在检察机关向人民法院提起公诉的《起诉书》中体现出来。

在当前"捕诉合一"的制度下，审查批捕的检察官和审查起诉的检察官是同一个办案部门的同一个办案人，刑辩律师更要注重将辩护工作重心前移。如果案件存在问题，应尽可能在审查逮捕阶段提出，做减少事实、罪名的轻罪辩护。此时检察机关办案人大多会将辩护律师法律意见及其取舍理由写进审查报告等工作文书中，从而影响检察机关对案件的研究处理结果。如果前移恰当、工作得力，如期在审查逮捕或审查起诉阶段达到了减撤事实、罪名，在起诉时提出降档量刑建议的目的，不仅可以减轻其后审判阶段的辩护压力，同时也减轻了审判机关及承办法官可能面临的办案压力，大大节省了诉讼资源。

实务中，有些律师仍固守着法庭上"见真章"的工作习惯，把所有工作集中留到庭审之上，工作程式固化，这显然是不可取的。还有些律师有所顾虑，担心提前"交了底"，公诉人有所准备，在法庭上陷入被动。如果我们真正把当事人的切身利益放在最重要的位置，就不会有这样的顾虑。在尽早的环节多做努力、多做沟通，同样会得到当事人、委托人的认同。开庭之后公诉人仍可申请延期审理、补充证据，被告人被羁押的时间就会延长，从解决争议问题的角度，当事人并不"占便宜"。对于事实、定性中存在的罪与非罪的根本争议问题，一般情况下应当尽早提出、充分沟通，将程序终结在尽可能早的阶段。

案例三：于某涉嫌妨害公务罪

办案掠影

时值春节假期，于某与朋友聚饮至醉酒，在地铁口休息。管理员上前询问，并使用于某的电话与其妻子通话。妻子因照顾孩子无法分身，又担心于某，便拨打110寻求帮助。110出警后，非常暖心负责地带于某前往医院进行了基本检查，后将于某带回派出所，等待于某妻子找朋友来接于某。然而其间，民警与于某发生了言语冲突，高度醉酒的于某踢了民警两下。民警向领导汇报后，于某以涉嫌妨害公务罪被刑事拘留。

于某妻子闻讯不免大惊失色，一个求助电话竟然将丈夫送进了看守所，变成了犯罪嫌疑人！一旦定罪，一家人的生活就没有了依靠。于某先后找了几位律师，律师都劝其认罪认罚。

笔者律师团队接受委托次日，向审查逮捕机关提交无罪辩护意见时，才知道案件已经进入审查逮捕的第四天，但原辩护律师的手续和辩护材料还没有递交。在审查逮捕期限届满的最后一天的半夜12点左右，于某被不予批准逮捕，取保候审回家。

📁 文书节选

一、警方处置失范是本案发生的根本、直接原因

对于高度醉酒的人，正常人均应认识到其控制能力大幅降低、行为可能失范。为此，《治安管理处罚法》第十五条第二款规定："醉酒的人在醉酒状态中，对本人有危险或者对他人的人身、财产或者公共安全有威胁的，应当对其采取保护性措施约束至酒醒。"这是法律对人民警察处置高度醉酒的人的基本要求，是执法规范。

本案发生于春节假期期间，于某酒后在地铁站休息，其妻子向110求助，请求将于某送至派出所保护起来直到醒酒，主动提出可以把于某关到独立房间或者使用械具。但出警警察并未依法对于某采取保护性措施约束至酒醒。其妻子出于不放心求助朋友前往派出所将于某接回，以免于某在高度醉酒的状态下发生其他状况。但是，次日凌晨1：30，朋友准备将于某接走时，派出所称"于某打人，不能这么简单放过他"，让等结果。

由上可见，本案办案警察没有依照法律规定和家属的求助，依法对高度醉酒的于某采取保护性约束措施；于某在高度醉酒的情况下，客观上处于无法配合警方工作的状态，双方发生冲突并不意外。因此，警方的处置失范是本案发生的根本、直接原因。

二、本案没有严重侵犯法益，至多属于违反《治安管理处罚法》范畴

犯罪是严重侵犯法益的行为。从对公务正常进行的影响方面看，于某当时的状态对警察执行职务不可能造成任何影响，客观上也没有造成办案警察无法执行职务的后果。《治安管理处罚法》第五十条规定："有下列行为之一的，处警告或者二百元以下罚款……阻碍国家机关工作人员依法执行职务的……阻碍人民警察依法执行职务的，从重处罚。"对于本案的认定，必须注意行政法与刑法的衔接与协调，结合《刑法》总则第十三条的规定综合判断。在行为没有达到情节严重的情况下，应当依法按照《治安管理处罚法》处理。

三、本案行为不属于"暴力"性质，没有造成妨害公务罪的法定后果

从踢了两脚这一行为的后果看，被害人没有因本案受伤，更没有进行验伤；在于某妻子三次前往涉案派出所道歉的情况下，派出所工作人员答复"并不想搞成这样，踢了两脚也没咋的"，足见其程度与妨害公务罪的"暴力"具有本质差距。

根据《最高人民法院关于统一法律适用加强类案检索的指导意见（试行）》第七条和第九条的规定，对有争议案件应当进行类案检索，制作专门的类案检索报告，并随案归档备查。检索到的类案为指导性案例的，人民法院应当参照作出裁判。

案例 1：广东省惠州市中级人民法院（2018）粤 13 刑终 451 号李某某妨害公务案

该案由惠州市惠阳区人民检察院指控原审被告人李某某犯妨害公务罪，惠阳区人民法院于 2018 年 8 月 30 日作出（2018）粤 1303 刑初 318 号刑事判决，宣告原审被告人李某某无罪。该院认为，公安民警接到报警后立即赶到案发现场，询问在场人员后发现被告人李某某处于醉酒状态，公安民警没有依据《治安管理处罚法》第十五条第二款"醉酒的人在醉酒状态中，对本人有危险或者对他人的人身、财产或者公共安全有威胁的，应当对其采取保护性措施约束至酒醒"，以及 2014 年《公安机关办理行政案件程序规定》第四十六条第一款（现第五十八条第一款）"违法嫌疑人在醉酒状态中，对本人有危险或者对他人的人身、财产或者公共安全有威胁的，可以对其采取保护性措施约束至酒醒，也可以通知其家属、亲友或者所属单位将其领回看管，必要时，应当送医院醒酒。对行为举止失控的醉酒人，可以使用约束带或者警绳等进行约束，但是不得使用手铐、脚镣等警械"等规定，对醉酒的被告人李某某采取保护性措施约束至酒醒，而是在劝说其自行上警车无效后，强行将其按倒在地上，被告人李某某用脚乱蹿反抗而致民警等人受伤，公安民警等人再次将其按倒在地上，铐上手铐将其抬上警车带回派出所。公安民警等人的上述强制性措施超过了必要的限度；另外，被告人李某某没有阻碍公安民警依法执行职务的主观故意。综上，被告人李某某的行为不符合妨害公务罪的构成要件，不应以妨害公务罪对其定罪量刑。公诉机关指控被告人犯妨害公务罪属不当，不予认定。被告人李某某的辩解及辩护人的辩护意见，理由成立，

予以采纳。虽然本案一审判决被告人无罪后，二审改判定罪免刑，但仍然具有参考意义。

案例 2：董某某和蔺某某、温某某涉嫌妨害公务不予批捕一案[1]

该案中，董某某醉酒后发现自己摩托车丢失而报警，因不满警察出警时间长与警方发生争执，董某某用手指骂警察宋某某时，宋某某掰折董某某手指，董某某回击一拳致宋某某嘴角流血，又打了录像的辅警脖颈部致发红。后该案经人民检察院讨论决定不予批准逮捕。主要理由为：嫌疑人董某某并无阻碍公务的故意，其对出警民警的行为可以是对民警将自己弄疼的反击行为，也可以是自身的本能反应；客观上来讲，其行为还未达到妨害公务罪的入罪标准，只有当暴力、威胁致使依法执行职务的活动无法正常进行时，才构成本罪，故而认定董某某的行为不构成犯罪。

本案中，于某是其妻子报警后主动寻求警察帮助的公民；在被带入派出所的前期过程中，于某始终配合警察工作，只是在警察长时间不让其睡觉的情况下，才在高度醉酒的状态下与警察发生了轻微冲突。相较案例 1、案例 2，本案的涉案行为及案发背景更轻，不符合妨害公务罪对暴力手段的要求。

辩护要点

本案事出偶然，于某酒醒后深感懊悔，主动认错道歉，愿意承担赔偿责任。纵然于某有错，但在高度醉酒情境下要求其认识和控制自己的行为实属强人所难。警方在出警过程中，对寻求保护的弱势群体未依法采取措施，醉酒人在自控力下降又得不到有效休息的情况下，与警方发生冲突是可以预见的，所以《治安管理处罚法》规定对醉酒的人应当依法采取保护性措施约束至酒醒，而不仅限于违反治安管理的人。

在撰写不予批准逮捕申请书或者取保候审申请书时，不仅要着眼于犯罪嫌

1 马亚亚：《什么程度的暴力可达妨害公务罪的入罪标准？》，载李玉基：《检察案例研究》，中国政法大学出版社2017版，第73—78页。

人符合取保候审条件的事实，更要着眼于犯罪嫌疑人不符合逮捕条件的事实，尤其对于其实体上不构成犯罪或者具有从犯等法定情节要进行充分论证。这是因为，检察机关批准逮捕是错案国家赔偿的起点；批捕后的起诉率、有罪判决率是检察机关考核的重要指标，起诉和判决都将承受批捕决定的压力。防止错捕不仅是检察机关的责任，也是刑辩律师的重要职责。

无论是"捕诉合一"之前还是当下，批捕都是刑事追诉中非常核心和关键的一环。尽最大努力获得不予批准逮捕的结果，既是为后续程序的顺利辩护做重要铺垫，也是防止错案发生的关键一环，怎么强调都不为过。

第三章

羁押必要性审查

编者按：一些律师对捕后羁押阶段的羁押必要性审查重视不足，认为检察机关批捕后，很少会再通过羁押必要性审查工作环节推翻自己作出的批捕决定，律师工作发挥作用的可能性小。

这种朴素观点过于绝对。一方面，检察机关的羁押必要性审查工作所隶属的部门并不是捕诉部门，有着独立的承办检察官和独立的审查程序。另一方面，既然法律专门规定了捕后羁押必要性审查程序，就是为辩护工作另辟了蹊径，只要案件情况符合申请条件，焉有不争取之理？再有，检察机关近年来将捕后羁押必要性审查工作列为考核重点之一，也给这一阶段的辩护工作带来更多空间。

案例四：潘某涉嫌非法获取计算机信息系统数据罪

办案掠影

不予批准逮捕是防范错案、保障人权的需要，如果案件有罪与非罪的争议，辩护律师要利用好审查批准逮捕和羁押必要性审查制度，详细论证无罪意见；羁押必要性审查制度则更多着眼于减少不必要的羁押、节约诉讼资源、防止轻罪轻刑被告人因短期羁押承受"交叉感染"的风险。因此，在案件捕后羁押阶段的羁押必要性审查环节，更多要考虑案件的法定刑轻重、有无判处轻缓刑的可能性。

涉计算机信息系统安全刑事案件具有一定的专业性，很多律师可能有畏难情绪。但是，很多专业领域的犯罪，入罪标准比较低，但刑期配套也比较轻，大多也不存在自然人被害人。涉案人员多具有一定的教育和专业背景、工作稳定、一贯表现良好，也具有良好的社区管控和稳定的家庭条件，较易满足不予羁押的条件。如果能及时提交一份专业的羁押必要性审查意见书，意见被采纳、犯罪嫌疑人被取保候审的概率相较其他犯罪就更大。本案即属适例。

📁 文书节选

一、潘某认罪悔罪，没有再犯可能性

作为犯罪嫌疑人潘某的辩护人，笔者依法、依规多次会见犯罪嫌疑人潘某，潘某不仅认罪悔罪，还多次表示"如果知道自己的行为是犯法的，肯定不会和 A 公司合作"，对其行为给 Y 公司正常经营带来的不利后果表示深深的歉意。从潘某的学历、工作背景、一贯表现及此次涉罪的偶然性看，潘某没有再犯可能性。

二、犯罪嫌疑人潘某没有社会危险性

羁押必要性，指具有《刑事诉讼法》第八十一条的五项社会危险性：（1）可能实施新的犯罪的；（2）有危害国家安全、公共安全或者社会秩序的现实危险的；（3）可能毁灭、伪造证据，干扰证人作证或者串供的；（4）可能对被害人、举报人、控告人实施打击报复的；（5）企图自杀或者逃跑的。上述五项社会危险性，应是已经存在的危险事实或者在案发前后表现出的某种危险迹象。

羁押必要性审查，主要应审查犯罪嫌疑人有无"实施新犯罪"可能，防止"危害国家安全、公共安全或者社会秩序现实危险的"发生，避免出现"毁灭、伪造证据，干扰证人作证或者串供的"情形。

《人民检察院刑事诉讼规则》第一百二十八条对"社会危险性"作了进一步细化：（1）可能实施新的犯罪的，即犯罪嫌疑人多次作案、连续作案、流窜作案，其主观恶性、犯罪习性表明其可能实施新的犯罪，以及有一定证据证明犯罪嫌疑人已经开始策划、预备实施犯罪的；（2）有危害国家安全、公共安全或者社会秩序的现实危险的，即有一定证据证明或者有迹象表明犯罪嫌疑人在案发前或者案发后正在积极策划、组织或者预备实施危害国家安全、公共安全或者社会秩序的重大违法犯罪行为的；（3）可能毁灭、伪造证据，干扰证人作证或者串供的，即有一定

证据证明或者有迹象表明犯罪嫌疑人在归案前或者归案后已经着手实施或者企图实施毁灭、伪造证据，干扰证人作证或者串供行为的；（4）有一定证据证明或者有迹象表明犯罪嫌疑人可能对被害人、举报人、控告人实施打击报复的；（5）企图自杀或者逃跑的，即犯罪嫌疑人归案前或者归案后曾经自杀，或者有一定证据证明或有迹象表明犯罪嫌疑人试图自杀或者逃跑的。

根据潘某涉案事实及上述规定，笔者认为潘某涉嫌非法获取计算机信息系统数据一案，没有羁押必要：潘某不可能"对被害人、举报人、控告人实施打击报复"；不会"串供或引诱证人作伪证"；也不会"企图自杀或者逃跑"。

三、应对潘某变更强制措施

《刑事诉讼法》已经作出重大调整，总体上要求，以羁押即逮捕为例外，而以非羁押强制措施为常规。不必要的羁押不但极易"二次感染"，还会增加监管压力，浪费司法资源。

2012年《人民检察院刑事诉讼规则（试行）》第六百一十九条第一款规定："人民检察院发现有下列情形之一的，可以向有关机关提出予以释放或者变更强制措施的书面建议：……（四）案件事实基本查清，证据已经收集固定，符合取保候审或者监视居住条件的；……（六）羁押期限届满的；（七）因为案件的特殊情况或者办理案件的需要，变更强制措施更为适宜的；（八）其他不需要继续羁押犯罪嫌疑人、被告人的情形。"[1]

犯罪嫌疑人潘某符合以上规定情形，逮捕之后及审查起诉期间退回补充侦查之后，侦查机关也只是简单履行了捕后讯问程序。本案案件事实已基本查清，潘某确属不需要继续羁押的犯罪嫌疑人。

同时，犯罪嫌疑人潘某可能被判处三年以下徒刑、拘役，适用缓刑的可能性大。

---

1 2019年《人民检察院刑事诉讼规则》修改为第五百七十九条："人民检察院发现犯罪嫌疑人、被告人具有下列情形之一的，应当向办案机关提出释放或者变更强制措施的建议：（一）案件证据发生重大变化，没有证据证明有犯罪事实或者犯罪行为系犯罪嫌疑人、被告人所为的；（二）案件事实或者情节发生变化，犯罪嫌疑人、被告人可能被判处拘役、管制、独立适用附加刑、免予刑事处罚或者判决无罪的；（三）继续羁押犯罪嫌疑人、被告人，羁押期限将超过依法可能判处的刑期的；（四）案件事实基本查清，证据已经收集固定，符合取保候审或者监视居住条件的。"

《刑法》第二百八十五条第二款规定，犯非法获取计算机信息系统数据罪的，处三年以下有期徒刑或者拘役，并处或者单处罚金。检索全国同类型案件，本罪适用缓刑的比例达65%。

根据《刑事诉讼法》第六十七条第一款的规定，"人民法院、人民检察院和公安机关对有下列情形之一的犯罪嫌疑人、被告人，可以取保候审：（一）可能判处管制、拘役或者独立适用附加刑的；（二）可能判处有期徒刑以上刑罚，采取取保候审不致发生社会危险性的；（三）患有严重疾病、生活不能自理，怀孕或者正在哺乳自己婴儿的妇女，采取取保候审不致发生社会危险性的；（四）羁押期限届满，案件尚未办结，需要采取取保候审的"，建议对潘某的羁押必要性予以审查，并变更为非羁押的强制措施，即取保候审。

辩护要点

笔者的律师团队大多办理疑难复杂案件，在捕后羁押必要性审查阶段不容易获得成功。本案是本书收录的为数不多的有罪从轻辩护案例。本案羁押必要性审查的成功申请能充分说明，穷尽法律规定去尽力尝试是有益无害的。对那些罪与非罪争议较大的案件，即使不能获得成功，充分利用羁押必要性审查等每一个刑事诉讼法赋予辩护律师的与案件承办人员沟通的权利，都会增加说服他们、获得反馈的机会。

无论是羁押必要性审查，还是审查起诉阶段无罪意见的沟通、不起诉的建议、认罪认罚，每当新的制度出台，最高司法机关往往会配套制定相应的考核指标，以确保新制度得到切实执行。及时了解、善于抓住新制度出台的有利时机开展有针对性的辩护工作是非常必要的。

第四章

审查起诉阶段

编者按： 在审查起诉阶段，辩护律师可以复制卷宗，也可以根据《起诉意见书》梳理控辩争议焦点，结合会见、调查取证等工作，会对案情有全面、深入、透彻的分析。有时候，卷宗材料就能反映出案件的全部问题，比如本章中赵某等人涉嫌职务侵占罪、向非国家工作人员行贿罪案，从卷宗中就能发现指控逻辑中的问题，一以贯之，终获无罪判决。也有的时候，仅依靠卷宗和会见无法掌握案件全貌。为了全面了解案情，实现有力的辩护，辩护律师还需要付出更多的努力，比如调查取证，又如旁听同案其他被告人的庭审。

一方面，审查起诉阶段的辩护工作与此前侦查阶段的辩护工作同属于审前辩护工作，需要高度重视。在审查起诉阶段，公诉人是辩护律师可以争取、应当争取的战友；到了审判阶段，公诉人身份转变，双方对立性较审查起诉阶段也有所加强。因此，一旦案件被起诉到人民法院，被告人及辩护律师就将面临更为被动的局面。全力以赴去争取公诉机关办案人对我们辩护意见的认同，避免有争议的事实、定罪落笔到《起诉书》中，是辩护工作的重中之重。

此外，审查起诉阶段的辩护工作还要熟悉检察机关的工作流程。一是不能仅局限于《起诉意见书》载明的事实、罪名展开。公诉机关有防错和追漏职能，改变《起诉意见书》指控的事实、罪名，进行增删是非常常见的情况。二是要理性看待检察机关在实务中的追诉倾向。律师身为辩护人，总会强调检察机关的客观公正义务，但是，从职能定位上看，虽然检察机关也会全面审查案件有罪、无罪的事实、证据和法律规定，也会通过退补、建议公安机关撤案等程序防止错案发生，通过不起诉制度解决一些罪与非罪的争议案件或者对一些轻罪案件中止追诉程序，但总体上说检察机关更注重的仍然是追诉犯罪的法定职责，天然地具有追诉的倾向性。辩护律师只有积极同检察机关进行沟通，才能最大限度地促使检察机关将问题解决在起诉之前，帮助检察机关防止错诉。检察机关日常业务工作中很重要的一项任务就是防止错诉。检察机关的《起诉书》是严肃的法律文书，不容轻易更改，也不容轻易否定。如果辩护人对此没有准备，待到《起诉书》制作完成，就失去了就《起诉书》增加指控的事实和罪名或者变更后的罪名发表意见、积极影响公诉机关决策的宝贵机会。充分利用检察机关的防错机制，可以有效地实现辩护目的；不能有效利用检察机关的防错机制，使案件问题被集中到审判阶段，就会增加辩护难度。

另一方面，由于同一个检察机关视野范围内问题案件数量较少，大多数案件都是捕后即诉即判，检察官不同程度上存在先入为主的思维惯性。同时，辩护律师与检察机关承办人的沟通与其他环节的沟通一样，通常是单向沟通，难以及时获得有效反馈以调整沟通重点、要点。

由于以上原因，虽然本书收录的大部分案件在审查起诉阶段都竭尽所能与各环节承办检察官进行了比较充分的沟通，大部分案件的辩护意见也都能获得承办检察官的认同，但只有胡某涉嫌合同诈骗罪案在审查起诉阶段直接作出了不起诉决定，另有赵某等人涉嫌贪污罪、受贿罪、行贿罪、侵占罪案在审查起诉阶段经沟通，起诉时罪名变更为职务侵占罪、非国家工作人员受贿罪、向非国家工作人员行贿罪（最终在二审阶段获无罪判决），石某涉嫌行贿、非法转让、倒卖土地使用权罪案在提起公诉后又撤回起诉、作出不起诉决定外（两案例均收录在本书第五章），其余案件仍然进入了审判阶段。

本章收录的三个案例，除胡某涉嫌合同诈骗罪在审查起诉阶段作出不起诉决定外，另外两个都是沟通失败的案例。尽管如此，辩护律师仍然要高度重视审查起诉环节的沟通工作，加大沟通力度，拓宽沟通渠道，比如通过承办检察官争取到与其主管领导的沟通机会，或者利用检察机关的检察长接待日制度主动沟通等。

案例五：胡某涉嫌合同诈骗罪

办案掠影

经商办企业，签订各种合同是最常见的经营活动。商场如战场，商人是一群最具有冒险或投机精神的人，他们的行为方式、思维方式与普通人既有区别又有基本一致的内在逻辑。常人所能认识到的风险商人们通常也能认识到，但往往商人们更看重的是风险中的机遇。然而，一旦机遇丧失、风险成为现实，商人就可能面临危机，甚至就此引发刑事风险。

在笔者办理的案件中，"刑民交叉""以刑代民"是最常见的案件类型之一。"被害人"或"被害单位"盯得紧，往往给司法机关办案带来压力。化干戈为玉帛，促进当事人之间和解，帮助司法机关化解社会矛盾，才能避免"被害人""被害单位"给司法机关施加压力给案件顺利解决带来的不利影响。在存在被害人、被害单位的案件中，先促进当事人之间的和解，往往对结果起着决定性的作用。

本案中，胡某是 Y 集团的法定代表人、负责人，案发时 Y 集团经营状况良好。但在与 S 公司签订购销合同并支付了 430 万元的首期货款后，突发事件使 Y 集团资金链断裂、陷入危机。S 公司在不断催要后续货款无果的情况下，"以刑促民"，利用申诉控告给公安机关施加压力，基于此背景，公安机关立案侦查并对胡某采取强制措施。

笔者律师团队在审查起诉阶段介入该案。了解案件背景后，辩护人充分利用被害人意见对司法机关办案的重要作用，在充分阐述案件问题的同时，积极促使胡某同 S 公司达成和解，减轻司法机关办案压力，促使办案人员采取措施防范错案，获得成功。胡某与 S 公司和解后，S 公司向检察机关出具了谅解书，请求检察机关不予追究胡某的刑事责任。最终，检察机关对胡某作出了相对不起诉决定。

📁 **文书节选**

一、案发时胡某及 Y 集团有履约能力和履约事实，不具有非法占有目的

Y 集团作为合同付款义务方，具有实际履行合同义务的能力、行为和履行合同义务的积极保证。

一是 Y 集团在签订本案买卖合同之时具备实际履行合同的能力。案发后，辩护律师委托会计公司对 Y 集团案发时的资产状况进行了审计，审计报告足以证实案发时 Y 集团的经营状况良好。Y 集团与 S 公司签约后，Y 集团因突发事件被采取强制措施，资产被冻结、查封，在这一事件的影响之下，Y 集团的部分供应商纷纷起诉催要欠款并停止合作，导致 Y 集团资金骤然紧张，无法按期支付本案的涉案款项。

二是合同签订后 Y 集团有实际履约行为。在本案案发前，Y 集团已经付给 S 公司 430 万元，并一直与 S 公司协商后续付款计划。

二、案发后胡某及 Y 集团积极采取措施确保合同相对方不受损失

一是胡某及 Y 集团积极同合同相对方商讨解决方案，并拟定了提供有效担保的付款计划。案发前，胡某与涉案合同的居间人——S 公司的曲某多次就如何还款进行商讨，多次表示积极承担违约责任。胡某被羁押后，Y 集团仍向 S 公司提交了可行的付款计划，并且提供了有效的、可供执行的、足以保证合同相对方债权实现的担保财产。

二是胡某及 Y 集团采取措施解决危机，积极为履行合同义务创造条件。为解决公司资金危机、履行合同，胡某及 Y 集团在案发前多次提出申辩意见，要求对不当查封的资产予以解封。同时，还积极采取措施收回其对外实际享有的 2000 余万元的合法债权。

三是胡某及 Y 集团均没有潜逃、挥霍或隐匿财产等逃避付款责任的行为。

综上，无论是在本案所涉合同的签订过程中，还是在合同的履行过程中，胡某及 Y 集团都没有《刑法》第二百二十四条中规定的虚构事实、隐瞒真相，骗取

对方当事人财物的行为，显然也不具有非法占有合同相对方财产的目的。

三、对胡某变更强制措施符合党和国家的政策要求

2018年11月5日，最高人民检察院明确规范办理涉民营企业案件的11个执法司法标准强调，办理涉民营企业案件，能够采取较为轻缓、宽和的措施，就尽量不采用限制人身、财产权利的强制性措施。对已经批准逮捕的民营企业经营者，应当依法履行羁押必要性审查职责。对不需要继续羁押的，应当及时建议公安机关予以释放或者变更强制措施。

最高人民检察院强调：办理涉民营企业案件要坚决防止将经济纠纷当作犯罪处理，坚决防止将民事责任变为刑事责任。一是经审查认定案件不构成犯罪或者具有其他法律规定的免予追究刑事责任情形的，应当作出不起诉决定。二是经审查认定案件构成犯罪，但犯罪情节轻微，依照刑法规定不需要判处刑罚或者免除刑罚的，可以作出不起诉决定，防止"入罪即诉""一诉了之"。

胡某作为Y集团的法定代表人，Y集团作为合法设立的民营企业，其成长过程是艰辛的，为国家和社会创造了财富、增加了就业岗位。本案争议合同仅是胡某和Y集团多年守法经营活动的项目之一，标的并不超出Y集团的负担能力，胡某和Y集团完全有能力履行涉案合同项下的付款义务。

胡某一贯遵纪守法，不具有任何社会危险性；Y集团的生产经营和涉案资金的筹措，都需要胡某作为Y集团的法定代表人，积极开展工作，从而切实保障S公司的利益和Y集团其他合法经营项目的正常延续。只有正确适用法律，依法对其变更强制措施、作出不起诉决定，才能保障各方利益。

辩护要点

当下，刑辩律师时常处于纠结之中。有人希冀律师行业是单纯的技术工种，只要有笔才、口才，就可运筹帷幄之中、决胜千里之外，然而这只是运气特别好的情况下偶尔发生的事情。大多数时候，诉讼律师无法做一个"传统的经院学人"，

只在"书斋里坐而论道"；而必须是一个杂家，笔才、口才之外，还要善于审时度势，周旋应对，为当事人的合法权益奔走呼告。

我们常常讲辩护律师要"知己知彼"，才能"百战不殆"，事实上"百战不殆"的律师是不存在的；"知己知彼"，也未必能实现"百战不殆"。根据案件所处阶段和案件的具体情况审时度势地制定不同的沟通说服方案，是争取最佳辩护效果的核心。

司法机关办案的一个重要目标，就是"案结事了"，通过办案化解社会矛盾。求得申诉控告人谅解，无疑是帮助司法机关化解社会矛盾、减轻办案阻力和顾虑的重要方面。在有被害人的刑事案件中，重视和解对案件的影响，往往能够取得良好的效果。

案例六：田某涉嫌职务侵占罪

办案掠影

被告人田某原系 A 财产保险公司高层管理人员。2018 年 12 月，田某经人介绍与北京 B 公司建立联系，并将 B 公司拟购买保险产品、田某及介绍人要求获得中介费的要求和中介费的具体比例、通过通道 C 公司扣点的方式提取中介费的具体方式向 A 财产保险公司主管领导刘某及蔡某某做了简要汇报，两位领导了解情况后表示同意。因田某不是公司业务人员，不具有承接保险业务的资格，该笔业务由 A 财产保险公司朝阳支公司承办，朝阳支公司各环节人员在明确知道田某是业务中介人等基本事实的前提下，按规范流程层层审批，该笔业务获得通过。后朝阳支公司通过通道 C 公司将中介费约 500 万元及业绩提成提出并转账支付给田某。

2020 年，田某向 A 财产保险公司递交辞呈，双方发生纠纷。A 财产保险公司以田某在 B 公司购买保险业务中提取中介费涉嫌职务侵占为由向公安机关报案，公安机关曾于 2020 年 11 月 26 日以没有犯罪事实为由通知不予刑事立案。对类似案件，临沂等地的公安机关也曾以"属于经济纠纷"及"不在管辖范围内"为由拒绝刑事立案。但 A 财产保险公司在公安机关作出不立案决定后仍向公安机关施加压力，"以刑促民"。

2021 年 8 月 27 日，田某前往派出所配合公安机关调查，后被刑事拘留。随后被检察机关以涉嫌职务侵占罪批捕，又被移送审查起诉。《起诉意见书》认为，田某通过第三方公司提取中介费，属于"虚构中介、套取资金"的职务侵占行为表现，构成职务侵占罪。

辩护律师接受田某家属委托后，向检察官提交了不构成犯罪、建议不起诉申请书和补充法律意见，申请对田某作出不起诉决定并申请变更强制措施，遗憾的是没有获得成功。

📁 文书节选

一、本案无争议的事实

2018 年 9 月，田某通过私人关系同 B 人力资源顾问有限公司（以下简称 B 公司，涉案业务简称 B 业务）负责保险业务的经理曹某青对接。田某根据市场成本预估核算后，提出手续费（中介费）比例约为保费总金额的 42.4%（包括中介费用和"开票公司的通道费用"等），向其上级主管刘某、蔡某某汇报并取得同意后，于 2018 年 10 月通过 A 财产保险公司（以下简称 A 公司）北京分公司朝阳支公司（以下简称朝阳支公司）主管行政的经理于某光将 B 业务挂在了朝阳支公司业务员刘某甲、销售经理刘某乙、稽核监察部战某名下。经于某光提议，B 业务的开票公司确定为与 A 公司具有长期合作关系的开票公司 C 公司。全部细节经朝阳支公司上报给总公司审核通过后，朝阳支公司同 B 公司分别于 2019 年 1 月和 3 月签订了《协议》和《补充协议》。在《补充协议》中，经 B 公司要求，删除了手续费（中介费）条款，并从 2019 年 1 月开始，按月支付保费。相关手续费（中介费）及业绩提成经朝阳支公司、C 公司、刘某甲、刘某乙、战某、于某光等人共同协作转出、取现，交于田某。

证实以上事实的证据有：田某 2020 年 4 月 28 日至 30 日的三次访谈记录，2020 年 11 月 25 日的询问笔录及 2021 年 8 月 27 日的讯问笔录。其中：

1. 朝阳支公司主管行政管理和业务开拓的经理于某光于 2020 年 11 月 6 日证实："该业务是田某通过 B 公司曹某青介绍来的，挂在我们支公司刘某甲名下，算是刘某甲的业绩。C 公司算这个业务的中间人，是我找的 C 公司的负责人李某，因为李某和田某、我以前都有过业务往来。2019 年 1 月签了两份协议，3 月又重新签订了一份协议，删除了手续费支付约定。"

2. 朝阳支公司业务员刘某甲于 2020 年 11 月 6 日证实："这个业务算是田某的，我就是负责按照于某光的要求把代理公司返的钱给田某。"

3. 朝阳支公司销售经理刘某乙于 2020 年 11 月 9 日证实："这个业务是田某的业务，只不过挂在我的名下。流程是 C 公司作为开票公司，我负责手续费（中介费）报销……对公支付手续费给 C 公司，手续费是回流给田某的，没有给我……产生的绩效是由我通过手机银行转给于某光的。"

4. 朝阳支公司战某于 2020 年 4 月 28 日访谈记录证实："B 业务是田某的业务，挂在我名下，C 公司是开票公司，我负责与 B 业务对接。产生的绩效是发到我工资卡里的，刘某乙告诉我金额，我都转给了于某光。"

5. C 公司负责人李某于 2020 年 11 月 12 日证实："这笔业务的发票开具、手续费（中介费）支付都是我们财务和于某光他们财务对接。"

6. B 公司总经理张某于 2020 年 11 月 15 日证实："这个业务是曹某与田某洽谈的。2019 年 1 月双方签了一份合作协议，3 月重签了补充协议，没有手续费的约定。"

7. 案发时田某的直接上级领导刘某于 2021 年 10 月 10 日自书证明证实："由于根据银保监的规定，总公司不能自己做业务，而且当时对于此类项目没有明确的考核标准和操作模式，因此，田某向我汇报打算让朝阳支公司承接该业务，业务费用的支付渠道由朝阳支公司去找，渠道过单成本由朝阳支公司承担，该业务计入朝阳支公司任务考核，但业绩提成算田某的，因为实际业务介绍人是田某；该业务由朝阳支公司承接后，一切申请流程、协议签署都是由朝阳支公司在系统中提交并由总公司非车险业务部等部门审批后承保，我部门后续只是作为协助部门参与。"

8. A公司非车险及再保险部负责人蔡某某于2021年9月28日出具《关于B雇主责任险业务相关证明》："虽然虚挂中介违反监管规定，但保险行业普遍存在这种情况。2016年5月A公司正式开业起，我在公司会议上多次提议采取措施杜绝虚挂中介现象，但因影响业务开展，公司没有采纳，因此保险虚挂中介现象一直都存在……当时田某上报B业务时手续费是42.4%，我觉得手续费比较高，询问了田某，田某回复是需要中间人费用，况且C公司代理通道费用就占10%左右，且往年赔付率较好。据我了解前一年此业务在另一家保险公司投保，我通过另外一家同行保险内部人员调取了前一年赔付率情况，赔付率30%左右，手续费以外扣除税费等成本预估利润率10%—20%，因此汇报给当时总裁室领导之后同意此业务承保（A公司保险业务核心系统上都有留痕），由田某与A公司协商，落地朝阳支公司出单。2019年10月我离职前调取过此业务情况，当时利润率超过20%。"

小结：田某的供述和辩解同卷宗其他所有证人证言完全相互印证。在整个过程中，"B业务是田某的"，"挂在"刘某甲、刘某乙、战某名下，开票公司由于某光提议定为C公司，这些基本事实完全是公开透明的，手续费（中介费）的审批过程是公开透明的，并未隐瞒任何信息，尤其是：

1. 田某的身份、职务及其为B业务的"实际介绍人"身份；将业务交由朝阳支公司出单、费用由朝阳支公司转出给田某——朝阳支公司及经手人刘某甲、刘某乙、战某获得B业务的业绩，手续费（中介费）及业绩提成归田某，这是私人间的合作关系，田某基于其"实际介绍人"也就是中介人的自然属性，有权收受（而非基于其A公司高级管理人员的身份收受）。

2. 42.4%的手续费（中介费）的构成包括中介人费用和通道C公司扣税点，经由刘某和蔡某某同意并依程序经朝阳支公司上报、总公司审批同意。

3. C公司仅是开票公司，并非合同真实当事方，这是A公司的惯例做法，术语叫"虚挂中介""通道C公司"，系于某光提议、朝阳支公司财务人员具体与C

公司对接完成，与田某不具有直接关系。

明确了以上基本案件事实、法律关系，就《起诉意见书》及 A 公司报警理由进一步论证如下。

二、田某有收取手续费（中介费）的资格

在 A 公司的报案材料及其新任经理郑某的陈述中，认为田某"为非业务人员，不得收取手续费"从而构成职务侵占罪，既没有提供相关的公司文件、会议纪要、职务职责等书面文件佐证，还存在众多反证，不能成立。

田某有没有权利收取手续费，与其能否构成职务侵占罪无关。在本案中，田某虽属涉案单位高管，但并没有以职务身份实质介入涉案业务的任何环节，整个审核、审批过程都由朝阳支公司独立、正常进行，总公司在明知将向田某支付手续费的情况下，审批同意了该业务，同时也审批同意从该业务收入中向田某支付手续费。田某在其中没有任何行为，只是被动接受结果。田某是否具有收取手续费的资格，是公司审核审批时应当审查的内容，与被动接受审查结果的田某没有直接关系。

三、虚挂不等于套取，本案没有侵吞、窃取、骗取的职务侵占手段

报案人郑某在其陈述中称，"根据公司文件《公司非车险市场费用管理办法》第三条规定：严禁业务人员虚挂中介套取市场费用"，《起诉意见书》也以"虚构 C 公司为中介公司"作为认定田某涉嫌犯罪的事实依据。二者均不能成立。

首先，虚挂中介是公司惯例。根据公司主管领导蔡某某的证言，虚挂问题经其多次在会议提出后，"因影响业务开展"未被通过，实际上成为公司操作惯例。其证言与另一主管领导刘某证言及本案涉案各环节经手人员的证言相互印证。

其次，虚构中介是朝阳支公司请示总公司后做出的决策，首先由于某光提议、其次由朝阳支公司具体实施——即使认为是"虚挂"，也是朝阳支公司进行的，与田某无关。

最后，"虚挂"不等于"套取"。"套取"表明事实上不存在市场费用、公司也没有同意支出中介费用，业务中介人采取虚构事实、编造不存在的中介费用的手

段以"中介费"的名义骗取公司财产。本案的中介费用（或称市场费用、劳务费用）是经领导审核同意支出的，无论是名义上还是实质上都是客观真实的，不是"套取"性质；C 公司在本案中作为通道公司是全公司各环节都清楚的事实，不是因为有了C 公司才批准了这笔中介费用，通道公司也可以是 D 公司、E 公司，审批支付的是中介费用本身，如何支付并非重点；实质上同意给付中介费用，形式上怎么支付受到了财务制度制约，并不是采取虚构中介的方式骗取了中介费用。在刑事犯罪中虚与实相对，虚即假，虚构事实，应当是足以造成被害人（单位）陷入错误认识的行为。本案中田某没有任何刻意隐瞒行为，也没有任何人对 B 业务和通道 C 公司有任何错误认识。

四、A 公司自愿处分属于被害人同意，排除犯罪成立

1. 蔡某某证实 B 业务虚挂中介得到了他的审核审批。A 公司案发时负责人蔡某某在其自书证明以及本案办案人任某的电话询问中均证实"保险行业存在虚挂中介现象"，民警问田某虚挂中介一事其是否知道，其称"好像有这件事"。蔡某某首先肯定了保险行业中存在虚挂中介支取中介费用的现象，其次证实了在 B 业务中虚挂中介是得到主管负责人的审核审批才实施的。

2. 报案人、A 公司新任经理郑某于 2020 年 11 月 24 日的询问笔录证实："（问）你公司业务员中介费提成规则？（答）我们公司业务员中介费数额都是由下属的各分公司向总公司申请报批，只要总公司批准同意就行。"

3. 原 A 业务管理部总经理、田某的直接上级刘某证实：42.4% 是当时非车险业务一个不算太高的市场成本，由刘某亲自同非车险业务部负责人蔡某某沟通、经蔡某某同意。此证言得到蔡某某的印证——蔡某某证实，田某明确告知其 42.4% 的比例由通道费和中介费用等构成。

郑某、刘某、蔡某均是 A 公司的主要负责人、田某的顶头上司。三人的证言可以证实，对于手续费（中介费）的具体费用比例、金额、支付方式，A 公司并不严格限定，只要正常审批通过即可。涉案手续费的比例和支出未超出合理合法范围。涉案手续费及其支取方式是 A 公司在明知基础上的自愿给付，构成被害人同意。

五、B 公司属兼业代理机构，不得收取手续费，与田某无关

郑某在报警笔录中还提出"B 公司属于兼业代理机构，按照省银保监会监管制度要求，B 公司在我公司投保雇主责任险业务属于直销业务，保险兼业代理人不得提取手续费"。这种说法也不成立。

B 公司是否有提取手续费资格，包括手续费及手续费的比例，尤其是通道或其他渠道公司采取扣点方式提取手续费的具体方式，当属朝阳支公司和总公司审查审核的内容。合理不合理、合法不合法，审查、审核、审批的责任主体都不是田某。在 B 公司投保资料中，也没有 B 公司相关资质附卷，田某作为中介人，没有相关权利或职责去调查 B 公司的资质情况。

此外，郑某的说法也与事实不符。根据田某、于某光的供证，B 公司 2019 年 1 月与 A 公司签订的协议中曾规定了手续费（中介费）条款，2019 年 3 月的协议中才取消了相关条款。B 公司总经理张某的证言进一步证实：2020 年 3 月，B 公司与 A 公司重新签订了保险协议，没有手续费的约定。虽然这里的手续费（中介费）属于折扣性质，直接由 B 公司受益，但这是在 B 公司与 A 公司直接签约、省略了中间人环节的情况下发生的变化，只能证实手续费（中介费）是客观存在的。

居间合同是有名合同，居间人获取居间费不仅有劳务上的事实依据，还有合同法律作为依据。本案虽然没有签订书面居间合同，但其实质就是田某在自己所在的 A 公司与 B 公司之间担任了居间人的角色，田某以获取手续费为条件，促成 A 公司与 B 公司的合作，是合理合法的民事行为。

六、A 公司及田某共同的监管单位省银保监会证实田某没有违反职务职责

根据《刑法》第二百七十一条第一款规定，主观上具有非法占有目的、客观上利用了职务上的便利，手段上利用了侵吞、窃取、骗取的手段是构成职务侵占罪的必要条件。其中，侵吞是指没有合法依据，也未采取平账等手段直接将单位财物据为己有；窃取是指在单位不知情的情况下非法占有单位财物；骗取是指虚构

事实、隐瞒真相致使单位将单位所有的财物自愿处分给行为人。

职务侵占罪中的侵吞、窃取、骗取，都表明被害单位对财物损失的不知情、不同意。误认为通道 C 公司是真实的中介方，因而审核审批通过通道 C 公司向田某支付中介费，才叫"通过虚挂中介套取市场费用"。本案中，田某没有任何刻意隐瞒行为，也没有任何人对中介费的性质及通道 C 公司的"虚挂"性质或者通过通道 C 公司向田某支付中介费的事实有错误认识。本案中，B 业务的手续费比例及通过通道 C 公司提取、通道 C 公司并非真实中介公司等核心案件事实，在 A 公司是公开透明的，不存在侵吞、窃取、骗取中介费的问题。

成立职务侵占罪必须以违反职务职责、利用职务便利为前提。省银保监会的《约谈纪要》能够证实田某没有违反职务职责，不构成职务侵占罪。辩护人已将搜集到的 A 公司主管单位省银保监会关于本案的《约谈纪要》作为证据线索提交给司法机关。该《约谈纪要》明确证实省银保监会作为 A 财产保险公司的上级监管机构，确认了田某在本案中不存在违反职责的行为。省银保监会虽然不具有对是否构成犯罪的法律性质的评判资格，但作为涉案单位、涉案被告人的上级监管部门，有权对涉案单位员工是否违反内部职责进行调查评判。

综上所述，A 公司自愿处分支付的居间费用不是职务侵占的对象。B 业务的居间费用是得到审批、明确同意支付的费用，是田某作为中介人将 B 业务介绍给 A 公司的前提条件，是 A 公司对自己财产权利的自主处分。A 公司作为一个合法成立的民事行为主体，通过田某本职工作以外的行为获得经济利益，有权决定给予田某中介费、劳务费或者其他名目的任何费用，也有权决定支付的具体途径或方式。途径或方式是否合法合规，是 A 公司审查审批的内容，田某既未参与，也不起任何作用，不应为此负责。

辩护要点

公司作为法人，本身不具有认识能力。田某将 B 公司欲购买保险业务的情况向其主管领导刘某、蔡某某做了汇报，明确提出需要中介费用。根据公司及行业惯例，刘某、蔡某某均明确同意，还专门报请上级单位同意。A公司的各个环节、各个层级的经办人和领导，就是公司法人的代表，对该业务的性质、内容，田某收取中介费的依据等涉案事实，不存在任何错误认识。该中介费是A公司审核审批同意自愿处分的财产，不是职务侵占的对象。不能因为A公司更换领导，就否认前任领导的决策。即使认为中介费存在问题，也是公司领导责任，而不是田某的责任。

A公司负责人彭某某在接受监管单位省银保监会约谈、就该案情况向监管领导汇报时明确表示："田某案件发生后，我司向公安局报案，公安局以没有犯罪事实为由通知不予刑事立案。在立案后，公安部门也一直反馈证据不足、事实不明、正在持续补充侦查。基于'以刑促民'最大程度挽回我公司经济损失的宗旨，建议公司接受和解及调解，今年公司接受了系列案件的和解及谅解要求……虽然有多种主客观原因，但主要还是我们自身学习不够，认识不足，加上案件复杂，对新制度内容缺乏沟通与研究，导致出现案件定性不明的问题，我们会痛定思痛。"

其一，省银保监会作为A公司的最高主管单位，对田某是否违反了职务职责规定，具有直接审查认定的资格和能力。其二，A公司参会人彭某某承认对田某案的报案是"以刑促民"，利用公权力实现其民事主张。

"虚挂"是违规，"套取"才是犯罪。"虚挂"是提取经审批通过、公司自愿支付的费用的一种方式；"套取"才是职务侵占罪的行为表现。

案例七：王某涉嫌合同诈骗罪

🔍 办案掠影

王某系某信托投资合伙人、高管。H医药公司（负责人：江某某、张某1夫妇；主要知情者、操作者：张某2、付某某）系经营医药产品的公司，于2016年始利用其"在X医院每年的应收账款"作为抵押，向王某所在单位Y信托公司申请融资 3 亿元，经过正常审查、审批，连续融资两次，每次期限一年。Y 信托公司将该项目进行设计后推出了 B-3 金融产品，王某自己也购买了该金融产品。

第三年，H 医药公司继续以此方式向王某所在单位 Y 信托公司申请融资过程中，被发现其"在 X 医院每年的应收账款"及相关手续包括银行账户均为假造。原来，H 医药公司系空壳公司，其在骗取融资的过程中，伪造公章骗取银行开户，又骗得某医科大学附属 X 医院的办公室钥匙，指使员工冒充该医院的财务处处长黄某某，应付王某所在单位 Y 信托公司风控人员的实地审核，骗取了信任，最终两次获得了 Y 信托公司的融资。第三年，H 医药公司继续以此方式申报 Y 信托公司申请融资、Y 信托公司依此设计 B-4 金融产品过程中，偶然被 Y 信托公司风控人员发现破绽。消息尚未核实、Y 信托公司尚未报案时，该融资项目的中介人李某某、郑某听到此传言，感到十分震惊、不可置信，侥幸心理之下认为只要 H 医药公司能依约还款就不会案发。侦查机关调查时二人有过"将消息告知王某"的供述。不久江某某、张某 1 夫妇就失踪失联，本案案发。

检察机关起诉书指控：融资中介李某某、郑某将造假相关事实告知王某后，王某在明知 H 医药公司有欺诈行为的情况下，为获得"回扣"，"仍指派工作人员制作相关 PPT，并在 Y 信托公司就 H 医药公司项目研讨会上讲解了 PPT，直接促使融资审批被通过，使其所在金融单位资金遭受巨额损失"，构成合同诈骗罪。检察机关认为，李某某、郑某将江某某造假的事实告诉了王某，王某在明知江某某行骗的情况下，仍通过讲解 PPT 的方式帮助江某某行骗。

辩护律师对本案投入了大量的精力，全面审查、梳理了卷宗证据，就以下焦点问题进行了详细论证：一、李某某、郑某是否将造假相关事实告知王某的事实不清、证据间相互矛盾；二、即使王某听说江某某造假一事，在本人无权核实、尚未经有关人员正式通知的情况下，其按原定工作安排讲解 PPT 的职务行为不能认定为合同诈骗的帮助行为；三、江某某、张某 1 是否构成合同诈骗罪尚无定论，王某案从属于江某某、张某 1 案，认定为合同诈骗的事实不清、证据不足；四、王某同时身为被害单位的股东，认定王某构成江某某、张某 1 案的片面共犯、"舍大博小"不合情理。但最终，王某仍然被以合同诈骗罪判处有期徒刑五年。

📁 文书节选

一、认定王某"虚构事实、隐瞒真相"的事实不清、证据不足

王某在进行 PPT 汇报时是否明知 H 医药公司造假，即 2018 年 8 月 7 日之后 PPT 汇报之前，李某某是否将 H 医药公司的造假嫌疑通报给王某，事实不清、证据间存在矛盾。

1. 王某仅是 H 医药公司项目的项目引进者，不是实操者。王某在 H 医药公司项目融资过程中，起到"穿针引线"的作用，并未参与实际操作；具体操作是由 Y 信托公司的张某、姚某与李某某直接对接、具体负责。李某某与付某某业务联系更多。

2. 李某某、郑某是否向王某通报了"H 医药公司造假"的供述前后矛盾、相互矛盾。

第一，李某某、郑某的供述明确证实当时他们四人对 H 医药公司造假的真实性持怀疑和不确定的态度，"只要 H 医药公司能正常运转，慢慢把我们找的资金方的钱还了，我们就安全了"，"我们四个研究后认为 H 医药公司伪造债权诈骗是不可能的"。这种认识有 H 医药公司前三期融资回款的完美记录以及各方面尽调、确权等事实作为基础，真实可信——无论是李某某，还是陈某、郑某、朱某、王某，都不具有放任或帮助 H 医药公司骗局顺利实施的认识和故意。

第二，既然李某某、郑某等人认为 H 医药公司不可能实施诈骗，也就没有必要向王某通报。关于李某某是否向王某通报 H 医药公司造假的问题，根据本案卷宗可知，一方面，2018 年 8 月 7 日前后，对于李某某有没有向王某通报 H 医药公司造假的问题，李某某答"我没有"；郑某对此也予以印证，对于王某是否知道 H 医药公司造假的问题，郑某答"我不知道"。另一方面，李某某一边供述称 8 月 7 日当天，是其与陈某、郑某、朱某三个人在其办公室商量对策，没有王某参加，一边供述称陈某"给我和王某说……"，此处陈某是何时"给我和王某说"，抑或是王某直接参加了 8 月 7 日当天的四（五）人会议，无从判断。关于李某某是何时向王某通报了此事的问题，李某某的供述先是"第二天"，再是"过了几天"。关于李某某是在何处向王某通报了此事的问题，李某某先是供述"在自己的办公室"，再

是供述"在郑某的办公室"。关于郑某是否参与了李某某与王某就 H 医药公司造假问题的谈话，先是供述"只有我们（李某某与王某）两人"，再是供述"郑某也进来了"。

郑某对于王某是否知道 H 医药公司造假的问题，供述也前后矛盾。据卷宗记载，"问：王某对 H 医药公司伪造债权之事是否知情？答：我不知道"，而李某某则称："我们两人谈的时候，郑某也进来了，你们可以去问郑某。"2020 年 5 月 21 日，原本"不知道"的郑某改口称："就李某某、王某和我三个人在，当时主要是李某某给王某在说，我在屋里坐了一会就出去办公司里的事情了……"但是关于三人会谈的地点，郑某先供述"在位于上海市某地址的一个接待室内"，后供述"在我们公司会客室"。

可见，在王某是否参加了 2018 年 8 月 7 日的会议以及次日或其后几天是否向王某通报了"H 医药公司造假"一事，何人、何时、何地通报的问题上，李某某的供述前后矛盾、郑某的供述前后矛盾、李某某和郑某的供述相互矛盾。从不知道到知道，从无人见证到郑某参与，证据呈现出有规律的变化，而王某对此事实始终予以否认。

第三，李某某还供述，"我和王某、陈某三人在 2018 年 10 月 7 日建立聊天群，其中主要内容是 H 医药公司出事后，我们三个人沟通 H 医药公司后续的事情"，而 PPT 事件发生在 2018 年 9 月。如果李某某 2018 年 8 月 8 日前后就将 H 医药公司造假问题通报给王某，立刻建立微信群才合情合理，不应该是两个月之后。李某某的供述中还谈道，"当时王某不敢对 Y 信托公司说 H 医药公司的事情"，实属其主观臆测，且与背景事实相违背——此时正处于 H 医药公司前三期融资已经回款完毕、第四期融资项目正在审批的阶段，如果发现 H 医药公司存在问题立刻叫停就能够及时止损。

第四，付某某在 2019 年 8 月 30 日第三次讯问笔录中供述："江某某安排唐某、黄某冒充 X 医院工作人员确权的事情，我是在 2018 年 6 月税务局查 H 医药公司账的时候才告诉李某某的。"李某某供述真实性存疑的问题可见一斑。

综上，李某某、郑某关于 2018 年 8 月 8 日前后就 H 医药公司造假问题向王某通报的供述矛盾重重。

二、认定讲解 PPT 构成合同诈骗帮助行为没有依据

合同诈骗罪是故意犯罪,过失不能构成本罪。即使流言存在,王某在不明真相的情况下,也不具有故意帮助江某某夫妇实施合同诈骗的故意。《起诉意见书》认定王某构成合同诈骗罪,而王某除讲解 PPT(演示文稿)外,再没有任何"客观行为"。王某身为普通高管,不能因为流言就单方面暂停已经确定的工作计划。讲解 PPT 是正当的不具有任何不法目的的职务行为。

1. PPT 内容并非王某制作。证人张某美于 2019 年 12 月 13 日证实:"发起项目和联系管理人是王某负责的,他联系好以后,项目的具体流程才由具体项目经理操作。2018 年 8 月 31 日,Y 信托公司和 H 医药公司签订合同后,王某安排我准备项目在公司上会的事情,我具体制作了项目 PPT。2018 年 9 月 7 日,王某和我参加了公司的项目产品委员会,会上王某通过 PPT 向与会领导汇报了项目情况,经研究讨论,最后通过了项目。""李某某是王某介绍的,因为当时我刚到 J 公司,很多业务不太熟悉,王某告诉我有关 H 医药公司的事情让我向李某某请教。到 B-3 和 B-4 项目的时候,因为 Y 信托公司刚开始做 H 医药公司的业务,很多事情也是让我帮他和李某某沟通的。"

根据张某美的证言,王某并不就具体事宜同李某某沟通,PPT 也不是王某做的。具体讲解内容是由张某美制作的 PPT 决定的,不能体现王某的特定意志。

2. 王某不具有帮助或放任江某某实施诈骗犯罪的认识和故意。《刑法》第二十五条规定,共同犯罪是指二人以上共同故意犯罪。事实和证据均表明,王某同 H 医药公司江某某、张某 1、张某 2、付某某之间没有任何交集,双方没有就 H 医药公司编造事由诈骗融资贷款的相关事宜进行任何形式的犯意沟通和联络。

(1)王某追加投资 B-4 项目的行为证实其对 H 医药公司造假不知情。王某不仅购买了涉案 H 医药公司的 B-3 项目产品,在 2018 年年底还追加了 50 万元的 B-4 产品。可见,王某在 2018 年年底仍然坚信 H 医药公司 B-4 项目的真实性及投资回报的可靠性。如果李某某供述其于 2018 年 8 月 7 日即已将 H 医药公司造

假问题通报给王某属实，王某不可能再追加购买该项目产品。

（2）王某是公司股东，舍大博小，不合情理。王某不仅是 Y 信托公司的工作人员，还是股东之一，是 H 医药公司造假案的直接受害人。王某为了区区百万"回扣"（李某某证实其与王某等人作为中介人拿到了该业务的回扣，但该节事实的证据不确实、不充分），放任或帮助江某某骗走自己所在公司 2.5 亿元的资金，显然违背情理。

三、江某某、张某 1 是否构成合同诈骗罪尚存在疑问

黄某于 2019 年 12 月 19 日的第三次讯问笔录中证实："（公司融资资金的去向）第一是借新还旧。第二是被张某 1 的公司花掉了，张某 1 经营公司，干了近一年，光租金就花了一千万元，浪费两三亿元拍电影，但是没有上映。第三是被其妻家花掉了。"

本案中，所有事实的操控者为江某某、张某 1，二人是本案的当然主犯。江某某、张某 1 利用虚构债权、编造财务账目、开立虚假账户等手段，骗取金融机构资金的行为，是出于"非法占有"的诈骗犯罪故意，还是"借鸡生蛋"的民事欺诈故意，取决于二人的主客观行为。从当前查明的事实看，江某某、张某 1 骗取的资金，首先用于"借新还旧"（前期资金均已归还），其次用于投资，包括拍电影，最后用于个人挥霍。结合江、张二人及 H 医药公司在前三期项目回款中的"完美表现"，江、张二人的客观行为表现更符合"借鸡生蛋"、利用骗取的资金投资经营、意图以投资经营所得归还融资款的特征。认定江、张二人对所骗取资金具有"非法占有"目的，存在疑问。当然，江、张二人伪造企业、事业单位印章等行为，构成犯罪则毫无疑问。

"皮之不存，毛将焉附"，在江、张二人是否具有"非法占有目的"尚不确定的前提下，涉案其他人能否构成共同犯罪、构成何罪的共同犯罪，需要慎重考量。尤其是王某，在 PPT 讲解之前对 H 医药公司造假问题是否有所认识，尚属事实不清，更加无法认定王某对江、张的"犯罪"具有"明知和放任"或"明知并帮助"的罪过。

四、关于李某某、付某某供述真实性的审查

1. 黄某于 2019 年 10 月 17 日的第一次讯问笔录中供述："H 医药公司的张

某 2 和付某某之前就通过这些做法（制作假的对 X 医院的应收账款做抵押或者转让融资）几次融资成功，之后把成功经验教给了我。"

2. 黄某于 2019 年 12 月 19 日的第三次讯问笔录中证实："当时张某 1 和江某某派付某某、张某 2 等人到某公司直接指导怎么融资……并且江某某和张某 1 也和付某某、张某 2 等人开会商量融资的事情。"

3. 李某某于 2019 年 9 月 5 日的第一次讯问笔录中供述："2016 年确权时，付某某安排他们公司的人和我们一起去 X 医院的财务室，见到了财务处处长黄某某，让黄某某在应收账款转让相关文件上盖章之后，就完成了确权的过程。"

4. 付某某于 2019 年 8 月 27 日的第二次讯问笔录中供述："江某某让李某某先做融资，随后李某某让我们提供虚假的财务报表等资料配合他做融资业务。"

5. 付某某于 2019 年 8 月 30 日的第三次讯问笔录中供述："江某某安排唐某、黄某冒充 X 医院工作人员确权的事情，我是在 2018 年 6 月税务局查 H 医药公司的账目的时候，才告诉李某某的。"

付某某早于 2014 年就入职 H 医药公司，是 H 医药公司造假骗取融资的"创始人"之一。付某某与李某某交往颇多。而李某某供述其曾亲去 X 医院的财务室，见到了财务处处长黄某某，让黄某某在应收账款转让相关文件上盖章完成了确权，这一事实似与卷宗中张某 2 等人供述的冒充 X 医院工作人员在会议室草草完成确权的事实不符。据付某某供述，早在 2018 年 6 月，付某某就将 H 医药公司造假基本事实告知李某某，而不是李某某供述的 2018 年 8 月 7 日。再加上李某某、郑某供述之间的众多矛盾，可知李某某、郑某关于向王某通报 H 医药公司造假的供述真实性难以认定。

五、王某也不构成批捕罪名"非国家工作人员受贿罪"

1. 李某某等人关于王某领取"回扣"的供述没有确实、充分的证据予以佐证。一是李某某自述关于"回扣"的数额与比例约定和融资金额不符，关于自己所得和其他"团队成员"的分配数额前后不一致；二是相关证据缺失，王某是否真实收到"回扣"事实不清、证据不足。

2. "回扣"与王某的职务无关。根据李某某的供述，其给王某"回扣"并非因为王某 Y 信托公司工作人员的身份，仅仅是因其考虑到几个人的团队关系——"因为我不想让我们这个核心团队散掉，我并不是想着只给 H 医药公司融资，我们都在信托公司工作，是一个很好的团队，我们可以和其他公司对接，帮他们融资，所以 2016 年王某根本没有参与，但我也分给了他 200 万元"。

辩护要点

法律不能强人所难。根据本案事实，H 医药公司在 B-4 项目之前的融资及还款行为接近完美，各方尽调、确权均由其他工作人员进行，第三方公证机关参与公证，甚至税务机关的突发检查也未发现任何破绽，连法人账户支付这样难度极大的验证程序都能及时高效过关。李某某、郑某四人会议讨论得出不相信 H 医药公司造假的结论，是有事实依据且符合正常人认知和判断能力的结论。在此情况下，任何正常、理智的工作人员都不会仅凭道听途说就贸然地采取行动。更何况，本案中关于王某是否有"道听途说"的证据也存在诸多问题，事实不能认定；王某在会议上根据张某美制作的 PPT 对 H 医药公司项目进行介绍之时，不可能具有对"H 医药公司造假"问题的认识，更不可能具有帮助 H 医药公司骗取融资资金的目的。要求王某在毫无根据的情况下，在会上做出与其同事依职责进行的尽调、确权等工作结论相反的提示，是无根据的苛责。

王某与江某某夫妇之间并没有交集，没有任何共同预谋。认定王某构成合同诈骗罪，实际上依据的是片面共犯的理论，即认为王某在没有与江某某夫妇共谋的情况下，为了个人所谓的"回扣"利益，片面实施了帮助江某某夫妇诈骗王某所在单位融资资金的行为。但是本案中，不仅王某在讲解 PPT 时是否明确知道江某某夫妇涉嫌诈骗的问题事实不清、证据不足；退一步讲，即使李某某、郑某告诉了王某，江某某夫妇涉嫌造假诈骗，也不能要求王某个人决定采取任何行动。认定王某构成片面共犯，无论是从理论角度还是从证据角度，都比较牵强。

第五章

一审阶段

编者按：一审阶段对辩护律师辩护工作的保障程序最多，可谓最能全面发挥辩护律师作用的一个阶段。因此，对一审阶段的辩护工作必须给予最充分的重视。如果前面几个阶段都未能实现辩护目的，或者在审判阶段才介入案件，更要扎实做好一审工作。

但是，在笔者经办的案件中，多数法官（检察官）始终扮演倾听者的角色，即使对辩护观点予以认可，也会紧随其后强调一句：仅代表个人观点，不代表官方意见，更不代表最终结论。法官的这种个人表态与最终判决结果南辕北辙的情况也很常见——与辩护律师面对面沟通的法官，甚至是庭审中坐在审判席上的合议庭成员，有时并不是最终决定案件结果的人；对于争议比较大的案件，还需要经审判委员会讨论。如何将辩护意见传递给"看不见的法官"，是让辩护律师颇费思量的难题。无论如何，尽力说服看得见的法官或者合议庭成员，通过他们去客观转达辩护意见，是辩护律师的基本职责。

至于一审程序中的辩护工作，除了面对面的口头沟通之外，同样重要的还有调查取证、对被告人的庭前辅导、庭审应对、辩护词写作、辩护方案的敲定和调整等工作。仅就庭审应对而言，还可以再细分为庭审发问、质证、辩论等辩护技能。这样林林总总的辩护技能的细分，往往使新手刑辩律师产生畏难情绪。

总体而言，刑辩技能体现在个案办理中，一定是集中于辩点准确这个核心。由核心问题发散出去，其他的工作才能有的放矢，才是正向用功。对案件核心问题的精准把握，离不开专业素质、实务经验。其中，专业素养其实是各方面能力的集中体现。比如，在阅卷工作当中，需要质证知识；在庭审质证当中，需要答辩技术；在庭审辩论当中，需要有庭审调查中的发问和质证作为铺垫。有些案件的核心问题在于实体定性争议，实体问题的论证与发问、质证技能关系相对较弱。在针对程序问题的辩护当中，发问和质证环节对问题的有效揭露通常构成辩护观点的基础。在质证中，就单个证据的质证往往要结合其他证据进行。对实体正义的追求，有时需要依靠对证据和程序问题的质疑；反之亦然。

可见，辩护工作需要具体案件具体分析，围绕案件焦点问题展开。就好像艺术家面对一个天然的树根，想加工成树雕作品，有时需要大刀阔斧，有时只需要因形就势。

案例八：赵某等人涉嫌职务侵占罪、向非国家工作人员行贿罪

办案掠影

2004年3月18日，青山村与原承包方关于承包涉案102亩林地的协议因故协商终止，后该土地闲置。2008年4月1日，李某（女，时为某镇领导、本案被告王某之妻）与青山村签订关于上述102亩林地的《承包协议》约定：承包费每年5.1万元，逾期三个月不交承包费的，村委会有权收回，该宗土地使用权及林权归李某所有。村委会主任赵某、支书薄某在该协议上签字，会计蔡某在该协议上盖印了青山村村委会的印章（未依法定程序召开村民代表大会，也未报请乡镇人民政府批准）。李某向村委会缴纳了2008年、2009年的承包费10.2万元，2010年因土地被征用未向村委会缴纳土地承包费。承包期间，该林地由李某丈夫、镇领导被告人王某与村委会主任被告人赵某（二人是大学同学关系，园林专业）共同决定种植经济作物的种类并雇工维护。

2010年8月，某区征用土地，涉及李某承包的林地6亩。李某找人代自己与村委会签订了《土地流转补偿协议书》，领取了30万元的补偿款。2011年5月2日，李某与村委会签订的《承包协议》中剩余的96亩林地也被征用。李某因身在外省，再次委托他人与村委会签订了《地上附着物补偿协议书》，协议约定每亩地上附着物补偿5万元，合计补偿480万元，由赵某和王某分得，将其中10

万元转汇给村支书薄某。

侦查机关认为：赵某身为村主任、王某身为镇领导，未经法定程序召开村民代表大会、报请乡镇人民政府批准，以他人名义承包赵某所在村的土地，又找案外人代领补偿款，是虚构事实、隐瞒真相，骗取国家补偿款的客观行为表现；向薄某行贿 10 万元，构成行贿罪。蔡某帮助赵某、王某实施了贪污犯罪行为，是从犯；薄某收受了 10 万元贿赂，构成受贿罪。

审查起诉阶段的辩护意见指出，本案不构成骗取补偿款型贪污罪。第一，涉案土地在李某承包之前是闲置状态，每年损失近 5 万元承包费。李某与村委会约定的承包费是正常的且高于前手承包人的。第二，李某与村委会签订承包合同之时，涉案土地完全没有被征占的迹象，各犯罪嫌疑人不可能预见到该地块将被征占、产生利用职务便利骗取补偿款的故意。第三，李某与村委会签订承包合同，未经召开村民代表大会及报请乡镇人民政府批准，原因是青山村约定俗成的惯例就是全部承包合同都不需要履行相关手续，并没有利用王某、赵某的职务之便。第四，夫妻之间是法定的利益共同体。正因王某与李某是夫妻关系，王某与同学赵某利用大学所学专业知识参与经营或者主要承担了经营责任，是正当的夫妻分工，不涉及虚构事实、隐瞒真相的问题。第五，找他人代领补偿款，由于补偿款的取得有合法依据，也不能成为虚构事实、隐瞒真相的行为表现。第六，本案中征占村集体土地、支付补偿款的主体是企业，涉案补偿款的来源不是国有资金，不能成为贪污罪的犯罪对象。综上，本案不能构成骗取补偿款型贪污罪。没有违法犯罪，不具有牟取非法利益的目的，给予薄某的 10 万元就属于个人赠与，不构成行贿、受贿犯罪。

辩护词交到公诉机关后，引起了高度重视，案件被两次退补、两次延期。正当辩护团队满怀不起诉、撤案的期望之时，案件被提起公诉，指控罪名由贪污罪变更为职务侵占罪、向非国家工作人员行贿罪、非国家工作人员受贿罪。这实在是意料之外的事：从本案事实来看，不构成贪污罪，也不能构成职务侵占罪，因为赵某、王某等人是否具备特殊主体身份、案涉资金属于国家所有还是村集体所有并不是主要争议焦点；本案不存在侵吞、窃取、骗取的手段行为才是核心焦点。在本案中，不构成贪污罪，也不可能构成职务侵占罪；不构成犯罪，就不存在不正当利益，也就不能构成非国家工作人员受贿罪、向非国家工作人员行贿罪。

但是，无罪辩护阶段性失败，却意外获得了轻罪起诉的结果。根据起诉书指控事实、罪名的变化，律师团队立即调整了辩护方向，重新撰写了辩护词。2018年3月，一审法院判决赵某犯职务侵占罪和向非国家工作人员行贿罪，合并判处有期徒刑七年。上诉后，二审法院认定本案"事实不清、证据不足"，裁定撤销原判、发回重审；后一审法院再次作出与原一审完全相同的判决。2020年春节期间，再次上诉后，经二审法院审判委员会讨论决定，改判上诉人（原审被告人）赵某、王某、蔡某、薄某无罪。

📁 文书节选

一、涉案土地为赵某、王某承包，二人属"隐名承包人"，李某属"显名承包人"

王某与李某作为夫妻，对外以谁的名义签订协议，没有法律要求。参照《最高人民法院关于适用〈中华人民共和国公司法〉若干问题的规定（三）》第二十四条第一款规定，"有限责任公司的实际出资人与名义出资人订立合同，约定由实际出资人出资并享有投资权益，以名义出资人为名义股东，实际出资人与名义股东对该合同效力发生争议的，如无法律规定的无效情形，人民法院应当认定该合同有效"，股权代持是受法律承认的合法民事关系。王某供述证实其与赵某、薄某是"隐名承包人"。根据王某的多次供述："2008年年初，一次我和赵某闲聊，赵某说，涉案土地现在一直没有人承包，想将这块土地承包出去，以减轻村里的财务负担……后来在村会计薄某的办公室，我们约定用我妻子李某的名义承包，算我们三个人一起承包的。因为我和薄某都在镇里工作，出面签订协议不合适，所以决定以我妻子李某的名义签订协议。协议是在村委会签订的，在场人有我和赵某，还有会计薄某、出纳成某，协议内容为承包102亩林地，每亩500元，每年承包费5.1万元，租期至2052年。这之后我们就开始一起投资，赵某组织人种经济苗、日常打理，正常交租金。"赵某、薄某供述及李某证言同王某供述相互印证，证实三人共同承包事实。

二、赵某、薄某、王某"以他人名义"隐名承包土地的行为，不具刑事违法性

1. 三人以李某名义承包涉案土地，涉案承包合同合法有效。土地由三人实际出资、管理、收益，并不具有骗取国家补偿款的目的，亦不违反民事、刑事禁止性规定。类似于股权代持关系，隐名合伙人实际承担承包责任义务，显名合伙人对外履行承包人职责，各自承担民事法律行为责任。

2. 未经村民代表大会通过及报备，是村委会法律意识不强、普遍疏忽导致。该村承包协议均未经村民代表大会通过也未经报备程序。涉案土地承包费是正常市场价格。签订承包协议前该地块无人承包，签订承包协议后、距被承包土地被征占相隔两三年，在承包时没有任何"可能被征占"迹象。如果承包协议正常经村民代表大会讨论，也是完全可以通过的。未经备案程序也不能影响合同效力：已经实际履行、尚未履行法定审批程序的合同，一般为效力待定的合同，随时可以正常讨论和审批。

3. 补偿款审批过程中，王某对承包协议的审批是正常履职行为。在承包过程中，无论是王某还是赵某，都没有利用职务上的便利。在补偿款审批过程中，无论是给村民的承包协议签字盖章，还是给王某自己的承包协议签字盖章，都只是对承包协议内容的确认，一视同仁。

三、即使认为土地承包协议无效，本案也不构成职务侵占罪

行为人利用职务上的便利，将本单位财物非法占为己有，数额较大的，构成职务侵占罪。本案中，即使认为土地承包协议无效，地上附着物补偿费也不是单位财物，而属于赵某应得的财物。此外，赵某也没有在领取财物的过程中利用职务上的便利。因此，赵某的行为不符合职务侵占罪的客观构成要件。

（一）地上附着物赔偿费并非村集体所有，不能成为职务侵占的对象

职务侵占罪的行为对象是单位所有的财物，包括已在单位控制中的财物与应归单位所有的财物。首先，本案的地上附着物赔偿费并未在村集体控制之中，而是在镇政府的控制之中，不属于在村集体控制之中的财物。其次，地上附着物赔偿费最终应发放到地上附着物所有人手中，并非村集体应得的财物。《土地管理法实施条例》第二十六条第一款（现为第三十二条第二款）规定，土地补偿费归农村集体经济组织所有；地上附着物及青苗补偿费归地上附着物及青苗的所有者所有。没有证据证明村集体是地上附着物的所有者，所以也不能认为地上附着物赔偿费是村集体应得的财物。综上，涉案510万元地上附着物补偿费既不属于村集体所有的财物，也不属于村集体应得的财物；既不是贪污罪的犯罪对象，也不是职务侵占罪的犯罪对象。

（二）没有证据证明赵某、王某在领取财物过程中利用了职务上的便利

职务上的便利，是指在本人的职权范围内或者因执行职务而产生的主管、经手、管理单位财务的便利条件。也就是说，本罪规定的职务上的便利，是指与单位财物相关的职权或者便利条件。首先，赵某找人代替李某签订补偿协议，只属于民事上的代理行为，与其职权或者便利条件没有关系。其次，没有证据证明赵某在李某签订补偿协议的过程中利用了职务便利。根据案卷材料，赵某通知王某，让王某找李某来取钱，王某让赵某找人代领，并且把李某的身份证件交给赵某，赵某持李某的身份证原件找人办理，王某对赵某代领是明知的，是有授权的。发放补偿款的工作人员是按照正常发放程序将补偿款发放给代领人的。从以上补偿协议签订过程看，李某是与村委会签订补偿协议，不是与赵某签订；从补偿费发放过程看，整个补偿费发放过程是按照正常程序进行的，与赵某职权没有任何牵连。

赵某在没有经过民主协商程序，也没有报请镇政府批准的情况下，代表村集体在土地承包协议上签字，该行为似乎与其职务有关，但是，这与本案涉嫌的职务侵占罪没有因果关系。如前所述，地上附着物赔偿费的赔偿对象是地上附着物的所有人，并非土地承包人或者土地所有人，赵某在承包协议上签字的行为并不

能导致李某获得地上附着物赔偿费——李某能够获得地上附着物赔偿费的根本原因在于赵某等人在土地上的实际投入和青苗价值。

（三）即使认为承包协议无效，赵某等人也有获取补偿费的根据

根据 2005 年《最高人民法院关于审理涉及农村土地承包纠纷案件适用法律问题的解释》第二十二条（现为第二十条）第二款规定，承包方已将土地承包经营权以转包、出租等方式流转给第三人的，除当事人另有约定外，青苗补偿费归实际投入人所有，地上附着物补偿费归附着物所有人所有。结合前述《土地管理法实施条例》第二十六条第一款规定，在征地活动中，地上附着物的补偿，并不是针对土地所有人或者土地承包人的，而是针对土地附着物的所有人的。地上附着物补偿款不属于村集体所有，不是职务侵占罪的对象；地上附着物补偿款应属于所有人所有，是本案被告人领取补偿款的事实依据，排除职务侵占罪的成立。

（四）赵某不具有非法占有目的

赵某等人具有合理的理由获取地上附着物补偿费，不宜认定为具有非法占有目的。《刑法》第二百三十八条第三款规定，"为索取债务非法扣押、拘禁他人的"，按非法拘禁罪处理。根据 2000 年《最高人民法院关于对为索取法律不予保护的债务非法拘禁他人行为如何定罪问题的解释》的规定，"行为人为索取高利贷、赌债等法律不予保护的债务，非法扣押、拘禁他人的"，仍按非法拘禁罪处理。这说明只要有客观上存在真实的债务，甚至是法律不予保护的债务关系，即使行为人以非法拘禁的暴力手段向他人索要财物的，也不以抢劫罪或者绑架罪论处。

上述立法和司法解释背后的法理是，债权债务关系的存在作为一种局部正当化事由，排除了行为人对他人财产的非法占有目的，消除了财产部分的不法性。根据同样的法理，不论土地承包协议是否有效，只要赵某具有获取涉案财物的实质理由，就应当排除其非法占有目的。赵某等人在实质上具有涉案土地的土地承包经营权，并对其进行了大量的投入，具有获取地上附着物补偿费的实质理由，应当排除其非法占有目的。

1. 三人依法领取承包土地对应补偿款具有正当性。承包协议的本质是市场行

为，无论承包人是谁，承包土地被征占时都必须依法给予补偿。不能因为承包人的家人是党政干部，其承包和领取补偿款的行为就变了性质，成了贪污。不构成贪污，也不能构成职务侵占。本案的关键不在于三被告人的主体是否应以国家工作人员论，而在于承包土地—经营土地—领取补偿款的正当性。

2. 地上附着物补偿款理当给付附着物所有人。即使认定承包协议无效，但赵某三人已实际占有、使用、经营、管理多年，对地上附着物拥有绝对的所有权，取得地上附着物的补偿款合法、正当。

3. 没有任何规范性文件规定，未经村民代表大会讨论通过并报备的承包合同当事人不能领取征地补偿款；其他未经村民代表大会通过及报备的承包人也都正常领取了补偿款。

四、被告人赵某不构成向非国家工作人员行贿罪，薄某也不构成非国家工作人员受贿罪

因本案不构成职务侵占罪，不存在不正当利益，就赵某、王某给付薄某 10 万元的事实，双方都不能成立任何犯罪，是个人赠与性质。

辩护要点

细心的读者从本书中可以发现，辩护词的写作没有一定之规，对案件问题进行排列组合，次第展开即可。当然，每一份提交的辩护词都是辩护律师心血的结晶，都经过了多次的反复构思、修改。辩护律师应当像爱护自己的脸面一样尊重、重视提交的任何一份书面材料。当然，从辩护词写作的角度讲，刑辩律师的辩护工作文书并不是文学作品，其既有固有的共性特征，也有因人因案而异的风格。本案中，笔者团队的辩护词得到了各阶段办案人的高度认可，让人备受鼓舞。只有专业和态度得到认可，律师才可能在案件中起到一定的主导作用。

本案中，事理与法理相互交织。职务侵占罪与贪污罪的根本界分在于行为人是否具备特殊主体身份，而行贿罪与受贿罪、非国家工作人员受贿罪与向非国家工作人员行贿罪是两对对合犯。在办理共同犯罪的案件时，不能仅着眼于自己当事的事实、证据、情节、法律适用问题，通常必须对全案问题进行全面审查。本案的辩护意见中，不仅全面论证了赵某被控的职务侵占罪（贪污罪）、向非国家工作人员行贿罪不能成立的理由，还论证了王某及其妻子李某的涉案事实的性质、薄某不构成非国家工作人员受贿罪的理由。辩护律师吸取了审查起诉阶段检察机关变更罪名的教训，在审判阶段的辩护意见中将无罪的理由进行了一定程度的展开。

在职务犯罪案件中，本案无罪判决意义重大：涉案金额 500 余万元，前后涉及贪污罪、行贿罪、受贿罪、职务侵占罪、向非国家工作人员行贿罪、非国家工作人员受贿罪六个罪名，甚至《起诉意见书》还认定了一起自诉罪名"侵占罪"。最终，法院作出了全案无罪判决。

案例九：石某涉嫌行贿、非法转让、倒卖土地使用权罪

办案掠影

本案中，毕业于知名高校、在房地产行业已从业十余年的北京 JH 房地产公司董事长、法定代表人石某，最初以证人身份被公安机关带走，随后以涉嫌行贿罪被刑事拘留。

涉案基本事实是，国有 X 公司为在某市开发涉案地产项目，全资设立了 Y 公司，张某系 Y 公司总经理。因项目进展并不顺利，Y 公司拟转让该地产项目。后石某代表北京 JH 房地产公司（以下简称北京 JH 公司）与 Y 公司签订《股权转让协议》及《补充协议》，受让 Y 公司 100% 股权，包括涉案地产项目及其土地使用权。因种种原因，该股权通过张某介绍、经商务谈判又转让给了 LD 公司。后石某应要求向张某支付了 900 万元中介费。

《起诉意见书》认定：石某为谋取不正当利益，以股权转让方式购买了 Y 公司名下不符合转让条件的土地，又通过时任 X 公司下属 Y 公司经理张某的帮助，将该地块通过股权转让方式卖给 LD 公司。之后向张某行贿 900 万元。

审查起诉阶段，辩护律师着重就石某在北京 JH 公司受让 Y 公司股权的事件中，没有利用张某的职务便利，也没有为北京 JH 公司或自己谋取不正当利益，不构成行贿罪的观点及其理由，与公诉机关进行了多轮沟通。根据每次沟通的争议要点，撰写提交《法律意见》《不予起诉建议书》《变更强制措施建议书》《补充法律意见》《不予起诉再建议》《变更强制措施再建议》六份。

审查起诉阶段的工作没有达到辩护目标，《起诉书》进一步认定，石某为了变相买卖土地使用权，向身为国家工作人员的张某行贿，利用张某职务上的便利获取不正当利益，数额特别巨大，构成行贿罪；以股权转让之名行土地买卖之实，从中获取巨额差价，构成非法转让、倒卖土地使用权罪。

一审中，辩护律师在石某不构成行贿罪辩护意见的基础之上，又同步开展了针对石某不构成非法转让、倒卖土地使用权罪的辩护工作。

📁 文书节选

一、石某不构成行贿罪

厘清案件客观事实是确定相关人员罪与非罪的基础。根据《刑法》第三百九十条的规定，行贿罪是指为谋取不正当利益，给予国家工作人员以财物的行为，其本质是权钱交易、以钱换权。本案中，有三个问题需要重点厘清：是否有职务、职责上的便利被寻租出卖；是否存在不正当利益；是否有权钱交易的合意。

关于张某在本案中是否有职务、职责上的便利被寻租出卖的问题。第一，必须厘清石某的北京 JH 公司受让 Y 公司股权、转让股权给 LD 公司这两个事件是否与张某的职务便利有关系。在北京 JH 公司受让 Y 公司股权的过程中，签约前是 X 公司董事长黄某联系石某，并非张某从中穿针引线，双方经多轮谈判后成功签约，完全是趋利避害的商业行为，与张某无关。张某身为 X 公司全资子公司 Y

公司的总经理，不可能起到左右其母公司 X 公司及董事长黄某决定的作用。即张某没有为石某提供便利的职务背景和实际能力。亦即，虽然签约的是张某为总经理的 Y 公司，但决策者是其母公司 X 公司及董事长黄某。

第二，北京 JH 公司与 Y 公司在履行《股权转让合同》过程中，双方均没有违约行为，不存在寻求张某利用其职务便利为石某及其公司谋取不正当利益的必要。石某的北京 JH 公司与 LD 公司之间建立新的股权转让合同关系及履行过程也与张某的职务便利没有关系。一是双方虽然通过张某建立联系，但是这一联系与张某的职务无关；二是在北京 JH 公司股权转让给 LD 公司的过程中，张某的职务、职责、权限都无法发挥具体作用。从石某角度来看，张某确实为北京 JH 公司与 LD 公司之间的股权转让交易创造了机会，但从张某的角度看来，并没有侵害其身为国有 X 公司经理的职务、职责和职权的廉洁属性。

第三，关于是否存在不正当利益的问题。根据《最高人民法院、最高人民检察院关于办理商业贿赂刑事案件适用法律若干问题的意见》规定，谋取不正当利益是指行贿人谋取违反法律、法规、规章或政策规定的利益，或要求对方违反法律、法规、规章、行政规范提供帮助或方便条件。在招投标、政府采购等商业活动中，违背公平原则，给予相关人员财物以谋取竞争优势，属于谋取竞争优势型不正当利益。《公司法》明确规定公司股权可以转让，通过转让公司股权获益是股东的合法权益，以石某为法定代表人的北京 JH 公司通过转让公司股权谋取利益，不论数额多大、获利多少都是合法的，《起诉书》将公司股权转让后北京 JH 公司所获得的利益认定为不正当利益没有法律依据。本案中没有谋取违反法律、法规、规章或政策规定的利益的行为。

第四，股权转让是一般的市场行为，交易双方对象特定，不涉及公开招标、竞标等其他市场主体的平等权益问题，即不存在谋取竞争优势型不正当利益问题。张某也没有为股权交易提供其他违反法律、法规、规章、行政规范的帮助或方便条件。张某客观上从事了居间服务行为，居间服务也是有利于市场经济的合法行为，受《合同法》的明确保护。张某付出了劳动，整合了资源，创造了价值，最终促成了北京 JH 公司与 LD 公司的股权转让，石某据此支付中介费有合法事由。

第五，关于是否存在权钱交易的认识和合意问题。行贿、受贿犯罪并不是完全的对合犯，构成受贿罪未必一定存在行贿罪。同时，也不能说具有国家工作人员身份的行为主体只要收了钱，就属于权力寻租，可以认定为受贿罪。受贿罪是侵犯国家工作人员职务、职责廉洁性的犯罪，定案需要有被调查人、犯罪嫌疑人、被告人有关受贿的动机、目的，预谋时间、地点、参与人以及分工、方式、原因、经过、结果的供述或亲笔供词。要求有对财物性质的明知，即明知所索取的财物或者所收受的财物属于贿赂。要求有国家工作人员利用本人职权或者地位为请托人谋取利益的明知。因被索贿而行贿的，还要证明行贿人获取了不正当的利益。

本案中，股权交易的成交与否与张某的职务职责确实无关，因股权交易获得的收益属于合法利益。同时，张某与石某在本案中也完全没有关于行贿和受贿意思的合意。张某索要的是中介费，基于其为石某介绍了有项目建设需求的LD公司、使双方有机会建立联系的中介行为；无论是石某的北京JH公司还是LD公司，双方的合作乃至股权交易完全基于双方对项目盈利前景和公司自身各方面实力状况的务实判断，而不是权钱交易、提供便利的后果。石某基于张某客观存在、确实促成了两个合同主体之间的有效合作的中介劳动，支付给张某中介费，建立在对张某劳务和中介行为价值的认可和尊重的基础之上，与张某的职务、职责没有任何关系。可见，本案中双方都没有行贿、受贿的认识、意思表示，没有就权钱交易达成任何方式的合意。

二、石某不构成非法转让、倒卖土地使用权罪

《刑法》第二百二十八条所规定的非法转让、倒卖土地使用权罪是指以牟利为目的，违反土地管理法规，转让、倒卖土地使用权，情节严重的行为。

首先，股权转让是公司股东的合法权利。《公司法》第七十一条规定，有限责任公司的股东之间可以相互转让其全部或者部分股权。股东向股东以外的人转让股权，应当经其他股东过半数同意。第一百三十七条规定，股东持有的股份可以依法转让。

其次，公司股权转让与作为公司资产的土地使用权转让是两个相互独立的法

律关系。房地产项目隶属于房地产公司，是法人财产而不归属于具体的股权所有人，股权所有人变动不影响土地使用权仍归属于房地产公司。土地使用权并没有发生权属变动，不属于非法买卖、转让土地使用权或者变相非法买卖、转让土地使用权。房地产公司股权转让，原股权人因失去原房地产公司的股权，继而失去原房地产经营项目对应的土地使用权；股权受让人因承继原股权人的股权，继而获得原房地产经营项目对应的土地使用权，这是基于公司人合属性、股权合法转让所产生的正常法律后果。

本案中，涉案的三个公司都是有资质的房地产开发公司，三个公司之间的前后两次股权变化是合法则、合规则的公司股权的正常流转。在两次公司股权转让中，土地使用权人并未发生变化，股权转让实际上的核心目标仍然是开发建设涉案土地。

最后，现行法律并无效力性强制性规定禁止以转让房地产项目公司股权的形式实现土地使用权或房地产项目转让的目的。最高人民法院（2004）民一终字第68号判决、最高人民法院（2007）民二终字第219号判决、最高人民法院（2013）民一终字第138号判决，都表明最高人民法院历来就认为这种以转让股权的形式实现土地使用权转让的行为是合法的。民事上的合法行为，排除刑事犯罪的成立。其中，最高人民法院（2013）民一终字第138号民事判决书"薛某坪与陆某生、某市场发展有限公司、某房地产开发有限公司委托代理合同纠纷案"中认为："薛某坪主张，案涉《股权转让协议》实质是以股权转让形式转移土地使用权的行为，系以合法形式掩盖非法目的，应认定为无效。本院认为，公司股权转让与作为公司资产的土地使用权转让为两个独立的法律关系，现行法律并无效力性强制性规定禁止以转让房地产项目公司股权的形式实现土地使用权或房地产项目转让的目的。薛某坪的该项主张无法律依据，本院不予支持。"

综上，本案中土地使用权的主体并没有改变，只是作为使用权主体的公司的股权发生了转让，不能将公司股权转让评价为土地使用权的转让。

辩护要点

中介费型贪污、受贿、职务侵占以及非国家工作人员受贿案件,在司法实务中是争议比较集中的一个类型。在商业活动中,资源对接对商业行为具有极为重要的作用,中间人的牵针引线不仅具有重要的商业价值,也是合同法中明确规定的一种合同行为,即居间合同行为。当事人之间可能签订有居间合同,也可能没有签订书面居间合同,但居间介绍始终是居间人要求或者最终获得居间费的事实依据。居间费也可能以中介费、介绍费等形式出现。一般情况下,居间费都是受到尊重和认可的;但是在收取居间费的人存在一定的职务,同时其职务与居间行为的界限不甚清晰的情况下,就会引起职务身份与居间费具有某种联结的联想,引发刑事风险。在此类案件的辩护中,需要辩护律师谙熟商业规则,细致调查案发经过、涉案资金的来源、居间行为与职务职责之间有无关联,找到居间行为与职务、职责无关的事实依据,依据居间合同的合法地位,形成辩护思路,撰写辩护意见。合同主体在居间活动中,尽量采取签订居间合同的方式,在合同中明确具体地阐明收取居间费的前因后果、基本过程,避免陷入刑事风险。

从侦查阶段受理本案,到庭审前后无数次的沟通工作,庭审后公诉机关两次申请延期审理;一审法院使用了两次延期权限,用尽了全部审限。其间,笔者的律师团队数次提交补充辩护意见,向院党组、审委会提交书面意见。终于,在石某被羁押的第三年,检察机关作出了撤回起诉决定。

案例十: 成某涉嫌受贿罪

办案掠影

成某为某市市委书记,其被控两起受贿事实:

1. "以借为名",向其辖区内企业家、某开发商杨某立索贿 3000 万元。

2. 收受某公司负责人李某丽以送水果为名的贿赂款 30 万美元。

成某辩称：其与开发商杨某立之间是借贷关系，其向杨某立借款 3000 万元用于收益可靠的投资，虽然没有约定利息，但约定了还款期限三个月；且三个月到期后顺延了期限。更重要的是，当杨某立发现自己被限制出境后，第一时间找到成某，要求补写欠条。这种行为是对双方借款性质的追认。至少，由于双方的借款时间尚短，成某的投资尚未取得回报因而尚无能力归还这 3000 万元欠款——不能排除成某获得投资收益后归还此笔借款、借鸡生蛋目的得以实现的可能性。目前的事实、证据难以认定双方存在权钱交易的认识和故意。

本案无罪辩护虽未获成功，但被告人杨某立被认定了自首情节，获得了有期徒刑七年的从轻量刑。

📋 文书节选

一、关于向杨某立索贿 3000 万元，事实不清、证据不足

国家工作人员向企业家"以借为名"索贿，在认定时一般要审查四个方面：借款的用途及理由、借款手续是否相对完备、有无还款行为（未还款的原因）、有无催款行为。

1. 借款用途及理由。没有争议的事实是，本案中 3000 万元资金的实际用途是投资入股，投资对象是前景可观的房地产公司，直接经手人是杨某立。亦即，借款的用途是明确的，没有用于挥霍或违法（官员投资入股属于违纪）活动，不具有直接导致借款流失无法归还的可能性；相反，有保本营利的基本保证。证人杨某证实：成某的投资款可以随时退还给杨某立。

成某向杨某立虚构借款理由不影响对借款性质的判断，无论借款名目如何，双方都认可借款的性质，成某没有表露出不想归还的意图，杨某立也没有表达放弃所有权的意思表示。

2. 借款的手续是否相对完备。没有争议的事实基础是，本案中客观存在先后两个借款凭证，一是在案发当时由成某弟弟成某帅的 FD 商贸公司盖章的《借款

协议》，二是杨某立在发现自己被限制出境后，出于担心与官员之间的经济往来引起不必要的争议和麻烦，急于与成某及其弟弟成某帅的 FD 商贸公司撇清关系，提议将借款人变更为 ZH 公司（杨某立辩解的理由是方便入账，但实际上该笔借款是杨某立的自筹资金，从其控制的空壳公司转出，直到案发，该笔借款也没有入其房地产公司的账，足见杨某立的真实目的是再次确认债权债务关系）所出具的欠条。可见，本案具有比较完备的借款手续；唯一隐匿的事实是，实际借款人成某顾忌其国家工作人员身份，以他人名义办理了借款手续。开发商不仅以签署《借款协议》的方式主动要求成某确认债权债务关系，还向成某正式发函追索债权。

3. 有无还款行为。虽然该 3000 万元案发时尚未实际偿还，但并不能认定成某明知不具有偿还能力而"以借为名"行索贿之实。

第一，该借款用途明确，保本营利有基本保证。成某向杨某立借款用于投资，投资于实力雄厚的 ZH 房地产公司，该房地产公司有成熟的房地产开发项目，项目落地需要一定的时间，但该笔投资基本没有风险可言，只要开始预售，投资回报可观，届时偿还杨某立的本金不存在任何问题，这也是成某借款投资的根本原因。

第二，该借款有多重保证。借款人杨某立明知实际借款人是成某，却同意以 FD 商贸公司、ZH 公司名义签订《借款协议》，FD 商贸公司、ZH 公司自愿承担了类似于担保人的担保责任。FD 商贸公司根据《借款协议》，必须承担代成某还款的法定合同责任。而 FD 商贸公司的负责人、成某的弟弟成某帅实际向银行申请过贷款，后因抵押手续问题未成，这也表明成某帅、成某实际具有还款意愿并作过还款努力。签订变更借款人的《借款协议》后，ZH 公司也必然承担代成某还款的责任。

第三，该借款存续时间尚短。虽然第一份《借款协议》中约定的还款期限只有三个月，但是双方在第二份《借款协议》中对还款期限进行了延展。案发时还款期限刚刚届满。行贿、受贿犯罪是对向犯，是权钱交易、以钱换权的行为，如果受贿方没有收受财物的意思表示或推定行为，或者行贿方没有放弃财物所有权的意思表示或行为，都不能成立犯罪或仅能成立犯罪未遂。在较短的时间内，难以认定借款人不具有还款的意愿和行为，或认定出借人以不催款等可导致债权自然灭失的行为表明已放弃债权。

4. 有无催款行为。出借人杨某立在卷宗中对出借此笔借款内心真实想法的描述与客观事实不符。一方面，他谈到出借是出于成某工作上对自己支持和帮助的感激，同时由于出借没有履行抵押登记等正常借款手续，推测成某是不想还了；另一方面，事实上案发前他进行了多次借款手续的确认和变相催款的行为。假如杨某立确实不打算要这笔钱，完全可以直接明确地向成某表明"这笔钱不要了"，更会赢得成某的欢心，也更符合"以权换钱"的本质和通常做法，完全没必要在不需要入账、实际上也没有入账的前提下，编造理由将借款事实白纸黑字落到纸上。

综上所述，本案中，借款手续得到借贷双方的反复确认、相对完备，书证的证明力应大于案发后与书证内容相互矛盾的言词证据；借款用于投资、营利无风险、还款有保障；借款时间短、投资尚未收回、还款需要尚不紧迫，都表明这3000万元的性质是"借款"，认定为"以借为名"的索贿尚无确实、充分的证据支持。当然，即便是借款，也显然利用了成某的国家工作人员背景，但不能以索贿犯罪论。

二、关于李某丽的 30 万美元贿赂款，案发时成某即明确拒收且实际退还，不构成犯罪

根据主客观相一致的原则，受贿是出于权钱交易的目的，以权换钱的行为，主观上需具有相对明确的收受并据为己有的意思，客观上需要具有对贿赂实际控制或享有的行为表现。本案中，成某拒绝收受这笔贿赂款的意思表示是始终如一的，也是与其客观行为相一致的。

第一，李某丽以送水果之名，行送钱之实，成某的司机在不知情的情况下收受了钱款，案发时成某对此完全不知情。

第二，李某丽告知成某，提醒成某查收时，成某于第一时间明确表示拒绝，要求退回。

第三，直到退回前，成某多次在电话中催促其取回。

第四，成某始终没有动用过该 30 万美元，而是保存于本单位财务人员手中。

第五，最关键的问题是，成某在案发前、尚无任何迹象反映其将被立案调查的情况下，将该 30 万美元原封不动地实际退还。尽管持续时间略长，其中原因在于双方事务均十分繁忙，没有机会见面。不能机械地以时间长短作为是否"及时归还"的唯一衡量标准，法律也没有规定明确的时间标准。综合全案事实，认定成某对该 30 万美元贿赂款有收受的故意，事实不清、证据不足。

辩护要点

根据《刑事诉讼法》的规定，办案人员应当听取辩护律师的辩护意见。但辩护律师与侦、控、审的办案人员的沟通交流往往较为单向，这是因为办案人员个人难以单独决策案件，必须遵从组织决策程序，因此其个人意见存在相当大的变数。明确这一点，交流就有所侧重——司法机关的意见和决策，大多数情况下只有在正式文书发布之时才能确定。

就本案而言，辩护律师根据案发前后的细节、双方当事人的态度、涉案借条内容，资金的来源、去向、收益保障性及被告人多次拒贿等方面的证据和事实，有充分的理由认为被告人索贿事实不清、证据不足。

从反贪治腐的角度讲，官员"借鸡生蛋"对职务的廉洁性无疑是有所损害的，但"借鸡生蛋"的目的是"蛋"，而不是非法占有"鸡"；或者说，"借鸡生蛋"是用"鸡"的使用价值换取权利。受贿罪的本质是"以权换钱""权钱交易"，从罪刑法定的角度讲，法无明文规定不为罪、法无明文规定不处罚，打"擦边球"的行为不能轻易入罪，否则就弱化了刑法的规范、指引功能，不利于法秩序的形成。当前法律框架下，"借鸡生蛋"等隐形贪腐应当依法辨析。行为人对"鸡"没有非法占有的目的或者证实非法占有目的的证据不确实、不充分时，不能以"鸡"的数额作为犯罪数额。对"鸡"的使用价值、衍生利益具有非法占有目的的证据确实、充分，属于"蛋"权交易的问题，或许符合权钱交易的受贿罪本质特征，但在计算犯罪数额时，也应当本着刑法的谦抑原则，仅计算"蛋"的价值。

案例十一：李某家涉嫌违法发放贷款罪

办案掠影

李某家本系 NM 银行某市分行的部门经理。2011 年至 2012 年，主要经营钢材业务的 BS 公司通过李某家、副行长牛某向 NM 银行提出以某处土地、房产的产权作为抵押，拟贷款人民币 1 亿元。李某家与牛某共同前往 BS 公司所在地进行了现场初查，又专程前往 BS 公司拟抵押的土地、房产所在地，初查认为基本符合贷款条件，于是将该笔贷款业务按照银行贷款审批操作规范交工作人员开展贷款审查审批工作。客户经理初查并撰写审查报告—报客户经理部经理李某家审查—报独立审核人审查—报信审部开会审查讨论—报副行长审查—报总行审查—办理抵押登记手续—按流程发放贷款，该笔贷款最终发放给 BS 公司。

还款日期届满前，牛某、李某家多次向 BS 公司负责人催讨贷款，BS 公司负责人声称，因公司资金面临周转困难，需向其发放 1 亿元贷款，"借新还旧"，才能保证归还贷款。牛某认为 BS 公司的最高额担保尚未过期，可以"借新还旧"，于是按流程向 BS 公司审批发放了 1 亿元贷款。后 BS 公司因钢材价格"大跳水"，未能如期归还该笔贷款，并宣告破产。其公司负责人因骗取贷款等犯罪被采取强制措施。侦查机关在侦查中，认为向 BS 公司发放贷款的几家银行涉嫌犯罪，组成了专案组进行了为期近一年的前期工作。其间，NM 银行某市分行的多名工作人员被传唤询问，但没有引起涉案人员的足够重视，直到李某家、牛某两人被采取强制措施。

审查起诉阶段，辩护律师与承办检察官进行了多次沟通，但该案仍被指令提起公诉。检察机关认定了侦查机关起诉意见书的全部事实，指控：李某家、牛某身为银行的部门经理、副行长，"为使抵押物满足银行要求抵押率为 70% 的规定，要求房地产评估机构出具虚假评估报告；明知土地与房产评估价值虚高，仍同意客户经理以价值协议的方式办理了共计 1 亿元的抵押物他项权证"；"2013 年 8 月，牛某、李某家明知 BS 公司未结清去年 1 亿元贷款，仍同意为 BS 公司办理 2013 年度 1 亿元贷款，用以偿还 2013 年度剩余贷款"；截至 2015 年 12 月 31 日，尚未偿还贷款本金及利息近 1.54 亿元。

对李某家、牛某参与审查发放的该 1 亿元贷款，公诉机关指控李某家、牛某的行为构成违法发放贷款罪。经辩护工作，法院判决书对该事实未予认定。

📁 文书节选

李某家作为银行部门经理，仅属于中层管理人员，没有贷款审批、发放、抵押方式方法的决策、指挥、授意权限，也不具体进行贷前调查、办理抵押登记等基础工作。在 BS 公司申请贷款的过程中，李某家不可避免地参与其中，但其所有行为都严格按照职责分工进行，执行的都是领导的决定，与其他中层干部并无二致。在没有预谋、合意证据的情况下，认为其具有贷款审批、发放职权是不妥的。此外，本案还存在违反证据采信规则、概念不清、逻辑错误、犯罪主体认定错误、适用法律错误等问题。

一、李某家审查评估意见、协调评估公司重新进行评估是合法、正当的职务行为

起诉书认定"李某家在贷前调查时，要求评估公司重新评估并提高抵押物价格"。李某家按照规范性文件要求，执行领导命令，协调评估公司提高评估价值是合法、正当的职务行为。

1. 李某家要求价格评估单位重新评估具有规范性文件的依据。《NM 银行授信管理办法》第一百九十条规定：抵押设定前应对抵押物价值进行评估。评估可采用内部评估或外部评估。内部评估由经办行客户部门或授信评审部门负责，外部评估机构应经分行以上部门进行资格审定。用外部评估的，授信评审部门必须对评估价值进行审核确认，未经确认，不得直接作为决策依据。也就是说，银行方面对于抵押物的评估，是可以采用内部评估的方法进行的。对于外部评估的评估内容、方法、结果，也必须经过授信评审部门的审核确认，"未经确认，不得直接作为决策依据"。

《NM银行授信管理办法》第一百九十一条规定："抵押物价值评估或确认应遵循客观、公正、合法、审慎的原则，评估方法执行以下规定：（一）以公允价值取得的建设用地使用权、建筑物，以取得成本扣除相应折旧后的价值为基础并结合市场价值确定……"根据上述规定，某市分行有权对评估报告的评估内容、方法、结果进行审查。而评估公司的第一份评估报告仅以成本法作为评估方法，未考虑结合市场价值（该地块及房屋现仍用于出租，作商业用途，年租金几千万元），依据的是2008年的国家标准，与2012年地价高涨的市值是明显不匹配的，故此不能得到银行方面、企业方面的认可。虽然本条规定的对象是建设用地的评估方法，但可以作为本案中工业用地评估方法的参考。牛某、李某家同评估公司就评估方法的沟通具有规范性文件的授权依据。

2. 李某家同评估公司的沟通是执行NM银行领导牛某指令的职务行为。牛某供述："李某家向我请示过，但我记不清汇报的数字，我怎样对李某家说的，我也记不清了。"而李某家的供述始终供认："牛某对我说：你找评估公司调整一下，一定要达到企业要求，发放1亿元贷款。"

从证据角度说，在言辞证据一对一的情况下，一方是不确定但不否认的供述，另一方是确定且肯定的供述，则被告人的辩解存在可能性，应当依据存疑有利于被告人的原则，作出有利于被告人的认定。起诉书未排除合理怀疑，认定系李某家单独决定同评估公司进行沟通，没有证据基础，违背证据印证规则、排除合理怀疑规则和存疑有利于被告人规则等证据采信规则。

参照《公务员法》，执行指令的行为只要不是明知违法而执行，就不能构成违法犯罪的客观行为。李某家受牛某指令同评估公司进行沟通，既有本单位规范性文件的依据，也有领导的指令依据，构成违法阻却事由。

违法发放贷款不仅要求行为人有违反法律规定的行为，该行为还应当直接导致发放贷款的结果。李某家要求评估公司提高评估价值，有领导牛某的指令和规范性文件依据，不是违反法律规定的行为。两份报告仅作为信审会的参考，并不是发放贷款的依据，与贷款发放之间不是引起与被引起的关系。

二、评估报告仅是初评报告，与发放贷款没有因果关系

起诉书认定牛某、李某家"为使抵押物满足银行要求抵押率为 70% 的规定，明知土地与房产价值虚高，仍同意客户经理以价值协议的方式办理了共计 1 亿元的抵押物他项权证"，概念不清、逻辑错误，与事实不符。

1. 银行内部关于抵押率的规定与最终发放贷款没有因果关系。在本案中，最终得以办理抵押登记、发放贷款，是根据国土部门要求，以借贷双方就抵押物价值签订的价值协议办理了抵押物他项权证，而不是依靠评估单位的符合抵押率 70% 要求的评估报告。评估报告在本案中没有发挥实质作用。

2. "虚高"不是法律术语或严谨的专业概念，没有法定衡量标准，内涵和外延不清。是否"虚高"，仍应当以 2012 年时的准确市场价值为评价标准。不能用依据市场法作出的评估报告，来证实依据成本法作出的评估报告结论是否虚高，这属于评价标准不统一。

3. 其他评估公司的评估报告不具有对原评估报告证伪的能力。公诉机关举示的北京某评估公司出具的《土地估价报告》《房产估价报告》，从评估资质上看，与原评估公司并没有效力级别之分；两报告依据的评估方法、评估价格的基准日期均不是 2012 年案发之日，与待证事实不具有关联性。

4. 银行对评估公司的评估报告履行形式审查职责。评估方法属于形式审查范畴，是否虚高则属于实质审查范畴，银行没有实质审查的专业能力。退一步说，即便可以粗略地判断第二份评估报告"虚高"，从银行发放贷款的角度判断，只要抵押的土地、房产实际上足以保证 1 亿元的贷款本息得到偿还，"虚高"不威胁银行资金安全，对虚高部分也就没有必要纠正。本案中，除了要求提供争议土地和房产作为抵押外，还要求由公司负责人白某华个人提供担保，以涉案土地、房产的租金收入提供担保。以上担保方式相结合，足以保障贷款本息没有风险。

5. 李某家同评估公司协调重做的评估报告仅是初评报告，初评报告同发放贷款之间没有因果关系。初评报告中明确注明：本报告仅是初评报告，应以最终评估报告为准——仅作为参考使用而不是决策使用。在 2013 年涉案贷款审查的审贷会上，客户经理张某提出最终评估价值是 1.1 亿余元，2012 年在某区抵押登记部门办理土地抵押手续时，提供的最高额抵押合同上注明的土地评估价值也是 1.1 亿余元。参与审批的银行工作人员张某证实："最终的评估报价是土地 1.1 亿余元，房产是 6000 余万元"，陈某证实："张某作为客户经理进行汇报，张某汇报的时候说了抵押的房产是 6000 多万元，房产是 6000 多平方米，我一算房产的单价正好是每平方米 1 万元，就对张某的汇报提出了质疑。我没有采用张某提供的 6000 多万元的评估报告，最后采用的评估报告是 2000 多万元的。"

以上证据证实，两份评估报告只是初评报告，一个依成本法作出，一个依市场法作出，二者并不矛盾，仅供信审会审议时参考。采信哪一份评估报告，或者另行要求重新评估，是信审会的职责；最终采用的评估报告另有文档，但公诉机关没有调取和出示。张某将全部评估报告呈报给信审会参考，李某家作为列席人员，在信审会上并无发言权。最终两份评估报告也没有在发放贷款环节发挥作用，采用的是价值协议办理的抵押登记。上报总行的审核的材料当中，也没有刻意隐瞒这两份所谓虚高的评估报告。总行批复同意，也表明其认为虚高部分不影响贷款本息风险的担保。

三、李某家不具有审核、发放贷款的职权

起诉书认定"2013 年 8 月，牛某、李某家明知 BS 公司未结清去年的 1 亿元贷款，仍同意为 BS 公司办理 2013 年度 1 亿元贷款，用以偿还 2013 年度剩余贷款"，与李某家的职责权限范围不符。

牛某证实："……李某家按照我的要求去办理放款业务。"刘某龙证实："会议上由张某进行汇报，陈某补充汇报，然后我们就这笔业务申请进行表决……放款管理员王某和我汇报说 BS 公司只还了 4000 万元的贷款，我没有做任何处理，只

是告诉王某先别放款。接着没多久，我的主管领导牛某找到我，表示这笔业务没什么风险，抵押物足值，让我安排放款。得到牛某的指示以后，我就告诉王某先放款吧。"李某家供述："BS公司要求办理放款手续，因为负责放款的风险管理部是牛某主管的，所以我去找牛某请示，牛某说：'给BS公司放吧。'"

可见，李某家对放款起不到作用。

四、本案属于单位犯罪，李某家不是决策者，也不是直接责任人，不构成犯罪

根据《刑法》第三十条的规定，公司实施的危害社会的行为，法律规定为单位犯罪的，应当负刑事责任。《全国法院审理金融犯罪案件工作座谈会纪要》"关于单位犯罪问题"中明确指出："根据刑法和《最高人民法院关于审理单位犯罪案件具体应用法律有关问题的解释》的规定，以单位名义实施犯罪，违法所得归单位所有的，是单位犯罪。"

本案中，贷款手续均经正常程序办理，执行的都是单位意志，履行的是正常审批手续，利益NM银行某市分行。牛某、李某家没有从中牟取任何私利。上述特征完全符合单位犯罪的构成要件。以单位犯罪为前提，应当追究刑事责任的对象为直接负责的人员和直接责任人员。

首先，李某家不属于直接负责的人员。《全国法院审理金融犯罪案件工作座谈会纪要》对于单位犯罪直接负责的主管人员的范围有明确规定，即在单位实施的犯罪中起决定、批准、授意、纵容、指挥等作用的人员，一般是单位的主管负责人，包括法定代表人。而李某家的职位是部门经理，属于中层管理人员之一，不具有贷款审批、发放等高层决策权限。

其次，李某家也不属于直接责任人员。《全国法院审理金融犯罪案件工作座谈会纪要》明确指出，在单位犯罪中，"其他直接责任人员"，是在单位犯罪中具体实施犯罪并起较大作用的人员。应当注意的是，在单位犯罪中，对于受单位领导指派或奉命而参与实施了一定犯罪行为的人员，一般不宜作为直接责任人员追究刑事责任。

在本案中，李某家不是贷款发放各环节的决策者和具体实施人员。其作为中层领导，下有客户经理，上有信审部、信审会、独立审核人、行长、总行；仅依据单位规范性文件和牛某的指令同评估公司就评估方法进行了协调工作。李某家全程听命于牛某指令的事实清楚，证据确实充分。

五、本案没有违反国家规定

根据《刑法》第一百八十六条的规定，违法发放贷款罪，是违反国家法律、法规的规定发放贷款。起诉书没有确切指出李某家具体违反了哪一国家规定。

1. 国家法律、法规的范围。根据《刑法》第九十六条，违反国家规定，是指违反全国人民代表大会及其常务委员会制定的法律和决定，国务院制定的行政法规、规定的行政措施、发布的决定和命令。《最高人民法院关于准确理解和适用刑法中"国家规定"的有关问题的通知》规定："国务院规定的行政措施"应当由国务院决定，通常以行政法规或者国务院制发文件的形式加以规定。以国务院办公厅名义制发的文件，符合以下条件的，亦应视为《刑法》中的"国家规定"：（1）有明确的法律依据或者同相关行政法规不相抵触；（2）经国务院常务会议讨论通过或者经国务院批准；（3）在国务院公报上公开发布。同时，该通知明确规定：对于违反地方性法规、部门规章的行为，不得认定为"违反国家规定"。

2. 本案规范性文件的性质。本案中向 BS 公司发放贷款，依据的规范性文件有《商业银行法》《担保法》（现已失效）、《贷款通则》《NM 银行授信管理办法》。上述规范性文件中，只有《商业银行法》和《担保法》属于经全国人民代表大会或其常务委员会通过并发布的法律。

其中，《贷款通则》属于部门规章，不属于国家规定。因此，对该通则的违反，不符合违法发放贷款罪的犯罪构成的违法性要件。《NM 银行授信管理办法》属于 NM 银行的内部文件，不属于国家法律法规。《商业银行法》和《担保法》中均没有任何关于发放贷款不能高于抵押物价值60%—70%的规定。担保物和被担保价值属于双方意思自治的范围。《贷款通则》中也没有关于发放贷款不能超过抵押物价值 70%—80% 的规定。

🗨 辩护要点

在庭审现场，辩护人专业、精彩的发言赢得了法官的赞许，也赢得了众多旁听人员的称赞。

对银行贷款发放流程、规则等非法律专业问题进行潜心研究，从中找到当事人行为的合规则依据，为本案的辩护成功筑牢了基石。事实证明，担任辩护律师，过硬的专业素养仅是执业基础，在跨专业、多领域的各类案件辩护工作中，不仅要具有对法律问题的敏锐直觉，在辩护中娴熟运用常情常理常识，迅速学习掌握生僻领域专业知识也非常关键。

在李某家案中，虽有亮点，也有遗憾。起诉书指控非法发放贷款 1 亿元的事实没有被认定为犯罪，但法院基于另一笔 3000 万元贷款发放事实，追究了被告人的刑事责任。在二审阶段，辩护律师三次专程与主办法官、庭长沟通，专业意见得到了办案人员一定程度的认可，但最终二审仍旧作出了维持一审判决的裁定。

李某家在参与对 BS 公司发放贷款的整个过程中，远没达到起诉书指控的作用，他只是一个部门经理，作为银行中层领导，不可避免地参与到向 BS 公司发放贷款的过程中，下有客户经理负责初查，上有多个环节审核把关。李某家没有任何事前、事中与牛某共同违法发放贷款的预谋或者合意。如果确有违法或失职，也是 NM 银行某市分行集体违法、集体失职，无论是牛某还是李某家，都没有失职、失查问题。贷款流产是因为贷款企业以经营钢材为主要业务，恰逢钢材价格"跳水"，流动资金链断裂。抵押财产价值也并非不能满足贷款本息数额，只是因为价值太高无人轻易接手难以变现。这些都是银行工作人员李某家或副行长牛某无法预见的市场风险。

案例十二：王某本涉嫌非法猎捕、杀害珍贵、濒危野生动物罪[1]

办案掠影

大多数问题案件的争议焦点都仅停留在事理、情理、罪状的浅显层面，并不晦涩高深。不合情理，就应当引起辩护律师的高度警惕。本案中，王某本因病入院期间，因无聊自制弹弓，并用这把自制的弹弓猎杀了8只当地俗称的"莽子"，卖给了当地一家"野味饭馆"，获利4400元。公安机关接到线索后立案侦查，将"野味饭馆"及其供销人员"一网打尽"。经法院审理，王某本最终被判处有期徒刑五年。

捕杀珍贵、濒危野生动物是犯罪行为，这是基本法律常识。但王某本辩称，当地夏秋之季，"莽子"随处可见、数量极多，当地老人素有打"莽子"吃的"传统"，政府部门也没有开展过关于不许打"莽子"的宣传活动。案发后，经鉴定，自己才知道"莽子"学名叫"凤头蜂鹰"，是国家二级保护野生动物。

随处可见、数量极多，还能叫珍贵、濒危野生动物吗？在网络上搜索可知，"莽子"早被列为"无危"动物，但是相关定罪量刑标准没有进行相应调整。还有一种观点认为，"莽子"虽然不再濒危但具有科学研究价值，仍具有珍贵性。但这显然与普通大众"物以稀为贵"的常识认知存在矛盾，普通大众难以就此作出辨别。

文书节选

一、凤头蜂鹰不是国家重点保护的珍贵野生动物

《刑法》第三百四十一条第一款规定，非法猎捕、杀害国家重点保护的珍贵、濒危野生动物的，或者非法收购、运输、出售国家重点保护的珍贵、濒危野生动

---

1 2020年《刑法》修正后，将该罪名改为"危害珍贵、濒危野生动物罪"。

物及其制品的，处五年以下有期徒刑或者拘役，并处罚金；情节严重的，处五年以上十年以下有期徒刑，并处罚金；情节特别严重的，处十年以上有期徒刑，并处罚金或者没收财产。

1. 野生动物的分类。《野生动物保护法》第十条规定，国家对野生动物实行分类分级保护。国家对珍贵、濒危的野生动物实行重点保护。国家重点保护的野生动物分为国家一级保护野生动物和国家二级保护野生动物。根据《国家保护的有益的或者有重要经济、科学研究价值的陆生野生动物名录》，野生动物分类中还包括"三有"保护动物，即列入名录的有益的、有重要经济价值的、有科学研究价值的野生动物，其中鸟纲有18目61科707种。

由此可知，野生动物按照国家保护级别从低到高大体可分为四类：一般野生动物、"三有"保护动物、国家二级保护野生动物、国家一级保护野生动物。而《刑法》第三百四十一条第一款保护的对象，仅限于国家二级保护野生动物和国家一级保护野生动物。

2. 凤头蜂鹰已不具有珍贵、濒危特征，不应属于国家二级保护野生动物。根据《野生动物保护法》第十条的规定，野生动物都受到国家保护，但实行分类分级保护。国家只对"珍贵、濒危"的野生动物实行重点保护，将其分为国家一级保护野生动物和国家二级保护野生动物。简言之，"珍贵、濒危"是野生动物物种实行国家重点保护的前提条件，而凤头蜂鹰目前属于"无危"（LC，Least Concern）物种，物种分布范围广，不接近物种生存的脆弱濒危临界值标准，种群数量趋势稳定。这一测定的根据是世界自然保护联盟（IUBCN）2018年11月14日更新发布的濒危物物种红色名录（是全球动植物物种保护现状最全面的名录，也被认为是生物多样性状况最具权威的指标，根据严格准则编制而成）。其对物种保护级别分为9类，根据数目下降速度、物种总数、地理分布、群族分散程度等准则，最高级别是灭绝（EX），其后依次为野外灭绝（EW）、极危（CR）、濒危（EN）、易危（VU）、近危（NT）、无危（LC）、数据缺乏（DD）、未评估（NE）。"无危"可以说是可评估状态下物种最理想的状态级别，表明该物种广泛分布、种类丰富。

可见，凤头蜂鹰当前因种群数量丰富而失去其珍贵性，不再具有"珍贵、濒危"属性，已不符合我国《刑法》第三百四十一条规定的"珍贵、濒危"野生动物的犯罪对象要求；根据我国《野生动物保护法》第十条的规定，也不应被列为国家二级保护野生动物。

二、王某本没有猎捕、杀害国家重点保护的珍贵野生动物的认识和目的

明确知道或应当知道是国家重点保护的珍贵野生动物而非法猎捕、杀害是本罪的必备要件。本案中，被告人王某不知道"莽子"是国家重点保护的珍贵野生动物，也不具备"应当知道"的知识、环境等基础。

1. 当地政府部门未对凤头蜂鹰采取特殊保护措施。《野生动物保护法》第五条第一款规定，县级以上人民政府应当制定野生动物及其栖息地相关保护规划和措施，并将野生动物保护经费纳入预算。《陆生野生动物保护实施条例》第六条规定，县级以上地方各级人民政府应当开展保护野生动物的宣传教育，可以确定适当时间为保护野生动物宣传月、爱鸟周等，提高公民保护野生动物的意识。本案中，公诉机关没有举示证据，证实当地政府部门就凤头蜂鹰采取了相关保护规划和措施，开展了宣传教育，民众无法认识到凤头蜂鹰属于国家重点保护的珍贵野生动物。

2. 物以稀为贵。凤头蜂鹰在迁徙过程中，于秋季在当地大量出现，违背普通民众对珍贵野生动物的一般认知。无论是国家对野生动物的分类保护制度，还是普通民众的朴素认识，都需要以物种丰富程度来确定。凤头蜂鹰被当地人俗称为"莽子"，足以证实该物种在当地是非常常见的普通鸟类。

3. 各被告人的行为具有公开化、随意性的显著特征，也表明其不具有刑事违法性的主观认识。各被告人生活稳定，不需要冒着刑事犯罪的风险，以捕食珍贵野生动物为谋生渠道；王某本自制弹弓打鸟是在其生病住院期间打发无聊的一时兴起，打"莽子"也是"为了好玩"，本无意出卖；其他几名被告人也仅为维持私营小饭店的经营特色，半公开地收购和售卖"莽子"，甚至有两人仅出于帮助朋友的目的。各被告人完全不具有刑事违法性的主观认识。

4. 捕食一般野生动物并未受到立法禁止。捕食、买卖一般野生动物,不能一概视为违法犯罪行为。各被告人所谓"不让打鸟""是违法行为"的认识,实际上是基于捕食野生动物应当依法申办狩猎手续而未申办的行政违法性质而言的。民众对偶然猎捕行为的违法性认识是对行政违法性的认识,而非对刑事违法性的认识和追求。如同以价值较小的物品为对象的小偷小摸不能以盗窃罪论、超速驾驶的违法属性不能被推定为具有交通肇事的故意一样,以常见的一般野生动物为对象的捕食行为,不能等同于以国家重点保护的珍贵野生动物为对象的犯罪故意。

如果本案的犯罪对象是熊、狐、虎、野狗、野猪、羚羊等通常只能在电视节目中看到的野生动物,或者是在人类聚居的区域十分少见的鸟类,辩解不具有刑事违法性认识属违背常情常理常识。而"莽子"在当地大量存在,违反民众对"珍贵""稀有""濒危"的一般认识。此外,"莽子"是否属于国家重点保护的珍贵野生动物,不属于普通人可以掌握的常识,即使是专业法律人士,查找研究起来也颇感棘手。

综上,虽然违法性认识错误一般不影响定罪,但是"天津气枪案""王某军非法经营案""天价葡萄案"等典型案例,已经确立了在特殊情况下必须考察被告人违法性认识对案件定性的影响的规则。根据被告人的特定身份、经历、学历程度等背景,结合案件发生的特定时空条件,不能认定被告人主观上对刑事违法性有认识可能性的,应当以出罪处理。本案即属适例。各被告人均为初中左右文化程度,案发当地是"莽子"大量出现的迁徙逗留地,偶尔捕食"莽子"的行为大量存在,各被告人不具有刑事违法犯罪的认识和故意。

三、王某本捕杀的 8 只"莽子"是否为凤头蜂鹰事实不清、证据不足

1. 王某本等人关于"莽子"的外观供述与凤头蜂鹰的外形特征不具有重合性、印证性。全案卷宗中,没有任何被告人能对"莽子"的具体特征做出比较详细的描述。王某本称,"只知道莽子是一种鹰,背部及胸部的羽毛是灰色的";张某强称"莽子就是一种大鸟,长得像老鹰";张某成称,"莽子应该是黑白色的那种鸟类",这些特征与鉴定意见中所描述的凤头蜂鹰的特征没有重合性。袁某光虽称"莽子"为凤头蜂鹰,但其对"莽子"的学名的精准认识存疑,且也未对"莽子"做出特征性描述。

可见，涉案各被告人没有人能说清楚"莽子"的具体特征、"莽子"是不是凤头蜂鹰。

2. 王某本的 8 只"莽子"，数量上也存在疑问。王某本称，"晚上去林子里打鸟，到家后便冻在冰柜里"。孙某强称，"找王某拿鸟也没有仔细看，就把装鸟的编织袋放驾驶室了，张某成打开袋子简单看了一下，也没有数有几只，就放冰柜了"。张某成称，"袁某光打开编织袋看了看，掂掂分量说没啥问题，就拿着'莽子'走了"。袁某光、马某全经手的野生动物种类、数量较多，有的已被食用；袁某光还供述曾多次用其他物种冒充"莽子"，"一般人根本看不出来"；马某全当庭翻供，称其过手的"莽子"没有那么多，其辩护人也称指控的"莽子"数量同证据反映出的数量无法匹配。可见，王某所说的 8 只鸟是不是"莽子"事实不清，数量上也没有确实、充分的证据相互印证，属于孤证，不能据以认定案件事实。

3. 鉴定意见中的凤头蜂鹰来源不清。张林司〔2020〕林鉴字第 × 号《司法鉴定意见书》认定袁某光处搜查扣押的动物死体中，凤头蜂鹰死体 1 只。结合袁某光第 2 次讯问笔录供述："我第一次从马某全手中购买的 4 只凤头蜂鹰，3 只卖给了某司机，剩下的 1 只我想留在家里请客用，就是后来公安机关从我家查扣的那只。"该只凤头蜂鹰不应归责于王某本。东林〔2020〕动司鉴定 × 号《司法鉴定意见书》认定单某松处扣押的动物死体中，7 号、8 号和 12 号 3 份样本为凤头蜂鹰。根据袁某光供述，本案出售给单某松的凤头蜂鹰来源于马某全与张某成，张某成购于王某本。袁某光、马某全等人将收购来的"莽子"及其他野生动物混合置放或已食用，且侦查机关的扣押笔录、扣押清单中，均未注明被扣押物品的详细特征，未依法编号、封存，未依法交由专门的保管部门妥善建账立册保管，在送检时未履行对检材的交接、送检等手续，仅由鉴定单位自行对检材分类编号。客观上，袁某光、马某全的个人供述也难以确定剩余的"莽子"来源于哪一个供货人，还不能排除袁某光、马某全有接受其他人供货的可能性，故本案无法确认鉴定意见中的"莽子"是否来源于王某本。

四、王某本品格高尚，无社会危险性

王某本在过去十几年的时间里，一直照顾着与他没有任何亲属、血缘关系的一对老夫妇, 老夫妇两人如今已年逾八十。王某的高尚品格和孝老爱亲的善举足以说明其不具有社会危险性。

综上所述, 从犯罪对象上看, 凤头蜂鹰依法不应属于国家重点保护的珍贵野生动物; 从犯罪所在地的环境背景上看, 当地没有就凤头蜂鹰专门采取过保护措施和禁捕宣传, 各被告人无法认识到凤头蜂鹰属于国家重点保护的珍贵野生动物; 从犯罪认识上看, 虽然本罪不要求行为人具体认识到犯罪对象的保护级别, 但仍应当对犯罪对象不属于一般的野生动物, 而属于受国家重点保护的野生动物, 或者对犯罪对象的稀有性、珍贵性有所认识, 而被告人王某本等人明显不具有这种程度的刑事违法性认识; 从犯罪结果上看, 也无法确认王某本捕杀的 8 只鸟确属凤头蜂鹰。

附: 无实物属于事实不清、证据不足的相关判例

案号: (2020) 甘 7502 刑初 1 号

"本院认为, 被告人刘某军私自进入国家级自然保护区, 采取布设捕兽夹的方法非法猎捕、杀害珍贵、濒危野生动物鹅喉羚, 鹅喉羚被列入国家重点保护野生动物名录, 属国家二级保护野生动物, 被告人的行为触犯了《刑法》第三百四十一条第一款之规定, 犯罪事实清楚, 证据确实、充分, 应当以非法猎捕、杀害珍贵、濒危野生动物罪追究其刑事责任。公诉机关指控的罪名成立, 本院予以认定。公诉机关指控被告人刘某军向苏某出售两只鹅喉羚的事实清楚, 证据确实、充分, 本院予以认定。对被告人猎杀用于自家食用、出卖给李某的肉制品是鹅喉羚的指控, 缺乏物证, 无法认定物种种属, 未形成完整证据链, 无法排除合理怀疑, 本院不予认定。辩护人辩称鹅喉羚应用物证鉴定来确定, 不能用证人证言证实, 认定被告人有罪, 必须达到犯罪事实清楚, 证据确实、充分, 对于定罪事实应当综合全案证据, 排除合理怀疑要求的辩护意见, 本院予以采纳。"

案号: (2018) 内 22 刑终 73 号

"公诉机关指控的涉及王某华与他人交易无实物的事实, 因实物缺失, 未做鉴定, 未确定物种及保护级别, 亦无其他证据予以佐证, 在案证据无法形成完整的证据链条, 故公诉机关该部分指控, 一审法院不予支持。"

辩护要点

捕食野味在过去是物资匮乏的表现，在现代则基本出于猎奇心态。被告人王某本在两天内用弹弓打下 8 只"莽子"，足见"莽子"常见又数量繁多；"莽子"已被分而食之，难以确定究竟是何种鸟类；"莽子"究竟是不是凤头蜂鹰，也只是根据同案被告人收购的其他人猎捕的鸟体进行的鉴定，同一性存疑。

野生动物的分类并不只有一级保护动物和二级保护动物那么简单，且凤头蜂鹰当前已属于"无危"物种，在案发当地大量出现，理应不再属于国家重点保护的珍贵、濒危野生动物。如果该物种具有特别的珍贵价值，在其大量出现的季节，当地政府部门应加大宣传、保护力度，开展活动向民众普及有关常识，增强民众保护野生动物的意识。

案例十三：吕某涉嫌合同诈骗罪

办案掠影

银行贷款是很多企业赖以续命的重要支撑，发放贷款收取本利同样也是银行生存发展的主要业务。但有时，由于贷款门槛比较高，企业难以达标，银行与贷款方往往存在违规操作的情况，甚至银行明示、默示企业财务账目或者合同造假以满足银行放贷标准。

本案中，企业经营者吕某在一次次的经营危机面前，通过与银行之间的"密切合作"伺机东山再起。当吕某终于向银行表明由于企业经营亏损、无法偿还贷款本息时，银行方面又给吕某指了一条出路：找到抵押财产，可以办理续贷，借新还旧。被告人吕某为了获得续贷，开始按照银行的要求寻找"优质的抵押财产"。正巧，房地产商谢某的企业出于经营需要也急需大量资金注入。谢某有房地产项目可供抵押，但当地银行不愿给房地产企业办理贷款。

一个缺乏适格抵押物，一个缺乏贷款资格，在这样的背景下，专以介绍贷款合作为生的"中间人"行业应运而生，鱼龙混杂。在巨额"中介费"的诱惑下，"中间人"张某、王某两头压制、两头欺骗：张某向谢某谎称其是吕某表弟，向吕某谎称其姐姐是谢某企业主管；对谢某谎称吕某答应将贷款全额给谢某使用，使谢某误以为吕某与张某是为了赚取 10% 的中介费，还和谢某签署了保密协议，禁止谢某同吕某联系接触；对吕某则谎称谢某要求贷款一人使用一半。贷款人吕某、抵押人谢某在"背对背"的情况下办理了贷款和抵押手续。卷宗中还存在盖有双方印章的数份协议。另外，贷款发放时，银行"借道"其他企业转交贷款，减少了企业的资金使用时间，还截流收取了一大笔"资金使用费"。

贷款实际发放约 1900 万元，吕某按照"一人一半"的约定分批给张某指定的账户打款 600 多万元，但其中的一半被张某以"中介费"名义侵吞。谢某迟迟拿不到预期的贷款，吕某和谢某由"背靠背"终于变成"面对面"。这时，吕某已将贷款资金用于煤炭经营，而煤炭价格突然"跳水"，吕某无力按谢某要求"将贷款全额给谢某使用"。谢某赔了夫人又折兵。控告之下，贷款人吕某成了被告人；抵押人谢某成了被害人。

起诉书指控，吕某虚构事实，谎称"将贷款全额给谢某使用"，骗取谢某提供抵押财产，构成合同诈骗罪。一审判处吕某有期徒刑十三年。上诉后，二审裁定本案事实不清、证据不足，发回重审。一审法院要求侦查机关补充了涉案书证中的公章鉴定后，再次作出与原判决基本相同的判决。

📁 文书节选

· 辩护词节选

一、没有任何证据证实吕某承诺"将贷款全额给谢某使用"

1. 张某直接证实吕某的主张是"五五分"而非"将贷款全额给谢某使用"。张某曾供述："吕某告诉我贷来多少钱不确定，贷出的钱两家五五分，我说可能不行，吕某说四六也行，我说可能还是不行，吕某说贷款期限反正是三年，第一年吕某的公司先用，在中间抽出钱来给谢某的公司使用，我就说回去再和他们商量商量，就给王某打电话，说了吕某的意思，王某就说先办理业务，钱的事以后再说。"

2. 吕某的供述始终稳定一致，"五五分"言行表现一致。吕某并不从贷款中提取中介费，申请贷款完全是为经营需要，"将贷款全额给谢某使用"，将使得吕某"无利可图、徒增风险"。没有人会干这种"利人损己"之事，吕某也不会干。吕某在收到第一笔贷款后半年内，就给谢某打款650万元，履行了"五五分"的大部分承诺。

侦查机关没有对吕某的辩解进行调查核实。全案张某的供述中，也从未证实吕某曾答应"将贷款全额给谢某使用"。

3. 关于王某、谢某的认识问题。王某、谢某在前期笔录中多次证实"张某说吕某答应将贷款全额给谢某使用"，即二人对此事的认识从张某处得来，同时也证实"在贷款发放之前没见过吕某"，但在同一天的最后一次笔录中，又分别称"见过吕某，吕某承诺将贷款全额给谢某使用"，"翻证"内容与其此前证言前后矛盾、变化有规律性。

值得注意的是，二人的翻证笔录还同时存在办案人员签名不全的问题（王某的笔录无侦查员签名，谢某的笔录只有一名侦查员签名）。二人的翻供不仅有明显的人为痕迹，也与自己此前证实的内容、证据相矛盾，与事实不符，不足采信。

首先，吕某从未许诺将贷款全额给谢某的公司使用，有张某的直接证实。尽管张某谎话连篇，但他确实从未证实"吕某答应过将贷款全额给谢某使用"。

其次，在贷款发放之前，谢某、吕某的沟通完全依靠张某和王某，张某在明知吕某、谢某之间完全不具有合作可能的前提下，也不可能冒险让吕某与王某、谢某私自见面。

再次，根据吕某的当庭供述，谢某春节前带工人去吕某父母家闹事时吕某才通过张某要了谢某的联系方式，与谢某对质。

从次，2018 年谢某起草、证实双方纠纷主要内容的《承诺书》，也确认了二人对质的结论：共同被张某、王某欺骗，共同向二人追讨被骗款项。

最后，2016 年 6 月办理贷款之时，吕某并不在某市；谢某最后一份证言"翻证"称 6 月跟王某见过吕某，是不可能的。

二、"吕某承诺第一年由自己公司使用，第二年给谢某公司使用"是张某的个人说法

在庭审发表辩论意见时，公诉人主张吕某"承诺第一年由自己公司使用，第二年给谢某公司使用"，但未兑现，谢某系基于此错误认识给自己的财产设定了抵押，这一认定仅出自张某个人供述。

1. 该说法仅有张某一人主张

总览全案证据，无论是吕某还是王某、谢某，都从没有印证过张某的这一说法。

王某、谢某始终认为吕某的公司和张某、银行共同分享贷款总额 6% 的中介费（4 次提及），也表明张某向王某、谢某刻意隐瞒了吕某的真实意思。

而张某的谎言比比皆是，其供述和辩解绝大部分不足采信。

2. 王某、谢某对该说法毫不知情

王某为获得中介费，在本案中欺骗谢某的谎言也随处可见，但其谎言主要围绕增加谢某对"贷款全额打入谢某指定账户"的确信而进行。例如，谢某在签署抵押合同后，始终期盼着贷款立即全额打入自己公司账户，从不知道还有"第一年由吕某公司使用，第二年给自己公司使用"的说法。

3. 该说法与书证内容相互矛盾

第一年先由吕某公司使用，就完全不需要张某、王某费尽心思制造"委托银行向谢某提供的账户支付贷款"的假象，以骗取谢某的信任。详见后文对本案书证的论证。

三、涉案书证能证实是张某、王某在欺骗谢某

王某、张某与谢某前后签订了 4 份居间协议，包括：2016 年 5 月 28 日签订的

借款标的均为 4200 万元的两份协议；2016 年 6 月 12 日签订的借款金额为 1500 万元的一份协议、4500 万元的一份协议。其中，《借款居间协议》中约定谢某公司"不可泄密""不得与银行接触"。这 4 份居间协议内容和金额约定与吕某完全无关。

上述 4 份居间协议中的借款金额都是张某、王某蓄意欺骗谢某的结果，与吕某无关。盖有吕某公司合同专用章的 5 份协议中吕某的签字与讯问笔录中吕某的签字明显不同。案发时吕某并不在某市，这些签字也不可能是吕某所签。虽然吕某公司会计轩某芳证实上面盖印的公司合同专用章是其征得吕某同意后盖印，但也出现了有印章但轩某芳并没有见过的文书、有印章但张某明确证实吕某不同意签署的文书。涉案 5 份协议真假难辨。

1. 2016 年 6 月 12 日《保证抵押合同》（合同规定吕某公司需于 6 月 15 日之前办理完土地抵押手续）来源不清，吕某曾供述："这个保证抵押合同的空白件我见过，是张某拿给我的，我当时就告诉张某，6 月 15 日之前办理完土地抵押手续这条我保证不了，我就没签。现在合同上的签名不是我签的，公章是不是我们公司的我不确定。"可见，该合同不能证实吕某有合同诈骗的目的和行为。

各方当事人就《保证抵押合同》签署过程的供证之间完全无法印证，王某供述合同系张某拿给谢某签字，张某则供述合同系吕某让自己拿给谢某签字，该份书证的来由及效力无法确定，不能用来支持公诉机关对吕某的任何指控。

2. 2016 年 6 月 15 日《土地借用协议书》划掉了"吕某公司保证银行贷款4500 万元汇入谢某公司指定账户"的条款，可证实吕某明确拒绝了谢某全额支付贷款的要求。

吕某、张某就该协议的供述基本一致，可证实吕某明确拒绝了"银行贷款4500 万元汇入谢某公司指定账户"的要求，是对相关指控的有力反证。

3. 2016 年 6 月 14 日《土地借用补偿协议》（规定贷款打入谢某公司账户，否则支付日千分之二十的违约金）遭当事人全体否认，其上盖印的印章及其他文书中印章的真实性存疑，无法用以证实相关指控。

对于这份协议，吕某、王某、张某、轩某芳四方当事人均称"不清楚"，这是本案中唯一"供证基本一致"的文书。谢某从未依照该协议的内容要求吕某承担所谓的违约金责任。这份"神出鬼没"的文书上面的印章是如何盖印上去的，是否为吕某公司印章；其他合同、协议上的印章，是否确为吕某公司印章、轩某芳认为是自己盖印的文书是不是原始文书，都存在疑问。张某在吕某不在某市的2016年6月12日至17日期间，经常在吕某公司逗留且频繁盖章，公司印章是否失控漏管被张某利用，或者王某为骗取谢某信任伪造了吕某公司印章，也未可知。

4. 金额分别是1500万元、3000万元的两份《借款合同》，是谢某到银行办理抵押手续之后制作的，不能证实谢某在此前遭受过来自吕某的欺骗。事实上这两份合同的签订仍然来自张某、王某的欺骗。

因为张某的刻意隐瞒，谢某办理抵押手续时坚信贷款全额给自己的公司使用，于是在听闻银行工作人员说"可贷款3000万元，后期还可以增加额度"后，就想多贷资金。王某、张某为迎合谢某的心理，编造"银行审批通过了4500万元贷款额度"的事实，炮制了这两份合同，"为未来可能发放的贷款而签"，因此没有填写日期。谢某证实，"过了没一会儿"，二人就拿来两份文书，但王某却表示"不清楚"。这两份合同不能证实起诉书指控的事实。至于张某的辩解，在此已不值一驳。

5. 抬头为某银行某地支行、内容为将4500万元支付给谢某公司的《贷款支付委托书》及无签字盖章的空白《钢材购销合同》《石材买卖合同》，共同组成张某、王某在抵押手续办理后、贷款发放前为骗取谢某支付中介费的最后一搏。

吕某主张的是"五五分"的方案，不可能同意这份《贷款支付委托书》的内容。张某两次明确证实"吕某告诉我《贷款支付委托书》不行"。轩某芳是如何取得吕某同意并盖章的，文书和公章的真假，事实存疑。

综上，张某的供述表明，吕某向张某明确拒绝了《借款合同》和《贷款支付委托书》中"将贷款全额给谢某使用"的要求。其余文书要么真实性存疑，要么可以构成上述认定的反证，没有任何一份能证实吕某同意"将贷款全额给谢某使用"或"第一年由吕某公司使用，第二年给谢某公司使用"的意见。就联合贷款的使用问题，四个当事人出现三种说法，说法之间相互排斥，证据之间难以形成链条，起诉书认定的事实没有确实、充分的证据证实。

四、本案不具有非法占有的目的

根据《刑法》第二百二十四条的规定，合同诈骗罪是指以非法占有为目的，在签订、履行合同过程中，骗取对方当事人财物，数额较大的行为。根据我国法律规定及司法解释，常见的典型手段包括在合同签订、履行合同过程中的下列行为：虚构单位或冒用他人名义；以伪造、变造、作废的票据或其他虚假的产权证明作担保；没有实际履行能力、以先履行小额合同或者部分履行合同的方法诱骗对方当事人；收受货物、货款、预付款或者担保财产后逃匿等。

本案中，既不存在以上典型诈骗手段，也没有任何能体现非法占有目的的非典型手段。

1. 吕某如约支付给谢某650万元，表明其不具有非法占有目的。庭审调查查明，涉案贷款为2900万元，吕某实得1900万元。其中，转账给谢某650万元，支付银行利息、续贷费用等计600余万元，经营煤炭生意损失约二三百万元，经营手机店损失约200万元，员工工资等经营费用100余万元。吕某从来没有挥霍、隐匿、逃匿的行为，不能归还本息的主要原因一是煤炭价格突然"跳水"，这是正常的经营风险；二是承担了给谢某的650万元本息压力。

2. 证据证明，吕某始终信守承诺，努力挽救谢某和自己的损失。（1）银行员工刘某证实：吕某公司在2018年5月9日之前都按期还款，没有逾期。（2）吕某与谢某对质后，始终积极处理二人的抵押贷款纠纷，未继续支付"五五分"的剩余款项，是因为谢某不认可、不承担被张某、王某骗走的款项本息。这当然是正常人都难以接受的。（3）吕某多次协调银行延续贷款，积极帮助谢某解押土地，办理了三栋楼的预售证，寻找其他公司提供担保以解除谢某公司的保证担保，表明其没有骗取谢某公司任何财物的意图。（4）吕某当庭表示有能力继续解决问题，归还贷款本息。其家人也愿意帮助他渡过难关。（5）辩护律师曾征求过谢某的意见，谢某也明确表示愿意接受调解，解决问题。

3. 关于公诉人所称"空壳公司""无力经营""无法归还贷款"不是合同诈骗罪的犯罪表现或构成要件，也不符合案件事实。公司负债经营实乃常态。资本趋利，只有流动起来才有利可图。事实上，虽然吕某在2016年确实面临资金困境需要贷款，但是吕某也在积极经营寻求突破。市场的机遇和风险并存，8000 万元的煤炭生意若顺利，归还贷款、扭转经营困局自然不在话下。吕某的公司有固定的办公地点，有各部门员工数人，有正常的经营业务，每天正常运转，不属于"空壳公司""无力经营"。

至于"无法归还贷款"，原因更是多方面的。2015 年，吕某就一人承担了原担保单位某物流公司的 500 万元本金和 200 万元利息（吕某与该物流公司联合贷款，后该物流公司破产，吕某独自承担了还贷责任）；2016 年，吕某又一人承担了支付给谢某又不被谢某承认的 650 万元本息。贷款实得仅有 1900 万元，巨大的利息压力，少得可怜的可用资金，最终无法归还是客观情势导致。

综上，资金用于生产经营活动不能认定为具有非法占有目的。最高人民法院的《全国法院审理金融犯罪案件工作座谈会纪要》规定：行为人将大部分资金用于投资或生产经营活动，而将少量资金用于个人消费或挥霍的，不应仅以此便认定具有非法占有的目的。本案中，吕某没有将资金用于个人消费或挥霍，除支付给谢某外，全部用于经营。

五、认定吕某欺骗被害人提供抵押的证据不足

合同诈骗罪的犯罪对象为财物。抵押担保是指债务人或者第三人不转移对某一特定物的占有、将该财产作为债权的担保，当债务人不履行债务时，债权人有权以该财产折价或者以拍卖、变卖该财产的价款优先受偿。行为人对抵押担保本身的法律后果没有错误认识，仅对提供抵押担保所附加的条件产生错误认识，不属于合同诈骗罪对象"财物"的范畴。

第一，就提供抵押本身而言，谢某没有陷入错误认识。假如吕某将贷款全额支付给谢某，谢某经营失败，吕某作为债务人之一同样负有偿还该笔贷款的连带责任。第二，谢某对贷款资金使用方案的错误认识与吕某无关。前文已经论述了吕某从没有同意过"将贷款全额给谢某使用"或者承诺"第一年由吕某公司使用，第二年给谢某公司使用"，是张某造成了谢某的错误认识。

六、起诉书的指控与客观事实不符

1. 起诉书指控的法律关系已履行完毕，现存贷款抵押中不存在欺骗

涉案吕某、谢某与某银行于 2016 年 6 月签订的贷款主合同及抵押担保合同的期限早已届满，吕某已如约归还贷款，谢某早已解除该笔贷款的担保责任，起诉书指控的吕某、某银行、谢某之间的三方关系已终结。此后，谢某 3 年内 5 次为吕某提供抵押担保、2 次为吕某提供保证担保，当前的贷款和保证担保合同已是多次更迭、三方自愿签署、不存在任何争议的贷款及担保法律关系。在 7 次贷款延续和更迭的过程中，没有任何人能再骗取甚至胁迫谢某与银行多次签署抵押保证合同或转为保证担保合同（更没有相关证据能予证明），尤其在最高额抵押担保 2 年期限届满、吕某和银行协商全额还款之后，谢某更有机会抽身而退。谢某在笔录中的确多次用了"没办法只能同意"的字样，但这种没办法是指他没有其他获得资金、解除抵押、办理预售证的办法，而不是受到来自吕某的压力。2018 年 4 月 23 日吕某所签《承诺书》，恰能证实双方当前的贷款担保经过双方的充分协商。

2. 起诉书变相确认了违法联合贷款的行为人对全部贷款数额的所有权

张某、王某共同欺骗谢某是本案根本原因，事实已经非常清楚。谢某公司的房产被查封是双方都不愿看到的结果。但联合贷款纠纷同时也使吕某直接损失了 650 万元贷款资金本金和百万余元利息。应当承认吕某积极帮助谢某解除了土地抵押，办理了三栋楼的预售许可，其中隐藏有对谢某及其公司的商业价值。

同时，更应当明确的前提是，当事人谢某、吕某所谓"联合贷款"以及涉案贷款使用分配协议都属违法操作。张某、王某所谓的"贷款中介"本质上属于扰乱贷款金融秩序的高利转贷。

风险本身不能成为犯罪对象，只有实际损失才能成为财产犯罪的犯罪对象。即使谢某出于对贷款使用方式的错误认识，错误地设定了土地抵押，其承受的也仅仅是被抵押物依法定程序被拍卖抵偿债务的风险和损失，而不是贷款资金本身的损失。起诉书以总贷款金额 2900 万元减去实际支付给谢某的 600 万元，认定犯罪数额为 2300 万元，实属变相确认谢某对全部贷款资金 2900 万元的所有权，不符合客观事实。1000 万元借新还旧的资金，110 余万元保证金利息，都是由

银行直接划扣，吕某根本没有支配能力，不能认定为吕某的诈骗对象。即使不考虑吕某三年中为谢某支付的利息，也不能将贷款总额直接视为谢某所有的资产。

本案发回重审后，侦查机关补充了两份鉴定意见作为证据，针对涉案书证中盖印的吕某公司公章进行了同一性鉴定。其中，034 号鉴定书证实书证《贷款支付委托书》中的印章为扫描形成，并非盖印形成；035 号鉴定书证实另外 5 份书证中的印章为盖印形成，且具有同一性。一审法院依据 035 号鉴定书作出了与原判决基本相同的一审判决。

·鉴定意见质证意见节选

一、鉴定书依据低层级技术规范标准不合法

《司法鉴定程序通则》第二十三条规定："司法鉴定人进行鉴定，应当依照下列顺序遵守和采用该专业领域的技术标准、技术规范和技术方法：（一）国家标准；（二）行业标准；（三）该专业领域多数专家认可的技术方法。"根据该条规定，鉴定依法应优先适用国家标准、行业标准。在有更高层级标准的情况下，选用低层级的技术标准不合法。

首先，两份鉴定书均引述的《法庭科学印章印文鉴定意见规范》（编号：GAT/1311-2016）属于公共行业标准，内容仅包括鉴定意见的分类、鉴定意见的表述形式和鉴定意见的特殊情况表述，属于对法庭科学技术领域中印章印文鉴定意见种类及其表述形式的规定，未规定技术规范内容。

其次，本案鉴定机构隶属于公安机关，两份鉴定书还依据了《印章印文检验》（编号：IFSC09-03-04），该技术规范属于公安系统自制标准，即内部标准，效力层级低，既无法通过公开渠道获取，也没有对印章印文鉴定的技术流程包括检验程序、检验记录等进行过程指导，在鉴定中并没有得到真正适用。根据相关学术研究论文可知，该检验标准给出的检验方法有 5 种，即测量比较法、拼接比较法、划线比较法、重合比较法和细节特征表示比较法。[1] 035 号鉴定书检验过程记载"经

1　王晓宾：《印章印文鉴定质量监控研究》，2020 年华东政法大学博士学位论文。

显微观察……"。显微观察属于专门的技术手段，属于显微比对，需要仪器设备等做支撑，技术标准中并没有该项技术方法。据检验过程描述，检验进行了边框尺寸、图文布局、防伪标识及文字、图形细节等特征的比对。但是，鉴定书中并未看到这些检验比对过程，未采用已有的技术手段如重合比较等，只在附件中见到有测量尺，也未明确展示测量尺的检验意图。因此，在检验过程使用非标准技术方法且未说明结论得出的推理过程，使得鉴定技术的科学性存疑。

《司法鉴定程序通则》第二十七条规定："司法鉴定人应当对鉴定过程进行实时记录并签名。记录可以采取笔记、录音、录像、拍照等方式。记录应当载明主要的鉴定方法和过程，检查、检验、检测结果，以及仪器设备使用情况等。记录的内容应当真实、客观、准确、完整、清晰，记录的文本资料、音像资料等应当存入鉴定档案。"对于印章印文鉴定，应当详细记录设计检验记录的内容条目，对提取形态部位、位置（具体到本案，可以为比对位置、特征点）要详细记录，对宏观形态和微观形态要分别记录，对差异点和符合点要逐项记录。同时，要记录下鉴定人开展逻辑推理和分析论证过程，以及鉴定人得出鉴定意见的依据。只有 034 号鉴定书选用的《法庭科学印章印文检验技术规程》（编号：GA/T1449-2017）属于行业标准，规定了检验程序。035 号鉴定书未要求制作印章印文比对表不合法。

两份鉴定书依据的技术规范的差异可证实该机构有条件也有选择级别更高标准的意识，但 035 号鉴定书却回避选用行业标准，而仅选用内部自制标准，鉴定意见得出不具有合法性。

综上，035 号鉴定书不合法，鉴定意见的作出不科学，不应被法院采信。

二、两份鉴定书并不能单独证明任何问题

1. 关于两份《借款合同》，张某说的是吕某并没有签；吕某的供述是没见过；但是竟然都盖印了双方的印章，印章是如何盖上去的事实存疑。另外，这两份《借款合同》是谢某配合银行办理抵押手续完毕之后制作的，而且借款与还款期限条款空白，也就是说最关键的付款时间并没有确定，不能证实吕某有同意于贷款发放时即将贷款全额打入谢某公司账户的意思表示。

2. 关于《贷款支付委托书》，吕某供称其没见过。张某供述证实吕某告诉他《贷款支付委托书》"不行"。张某和吕某的供述虽不完全一致，但基本能证实吕某对《贷款支付委托书》的内容是不认可、不同意的。那么印章是怎么盖上去的？即使盖了章，张某明知吕某不同意《贷款支付委托书》的内容，却仍使用该委托书，属于张某个人的欺骗行为，与吕某无关。

3. 关于《保证抵押合同》，其内容主要是谢某公司承诺提供抵押，不能证实吕某承诺贷款到账后全额转款给谢某。

4. 关于《土地借用协议书》，各方对其真实性均不存异议。

综上，035 号鉴定书证实 5 份书证中的印章是同一个印章，但不能证明印章都是经吕某同意加盖上去的，也无法证明是如何加盖上去的。其一，由于吕某公司印章管理不规范，认定"吕某在明知书证中全额、即时支付给谢某的内容的情况下，以同意盖章的行为对谢某进行欺骗"的事实不清、证据不足。其二，张某是贷款发放前代表吕某与王某和谢某联络的唯一联络人，保密工作做得极好。张某明确证实吕某对案涉《借款合同》《贷款支付委托书》的内容不认可，其供述效力不容否认。张某使用这些明知是吕某拒签的书证来骗取谢某信任，应当由张某个人承担责任——因为吕某在其中没有故意、没有明知，更没有行为。其三，本案争议最大的问题有二，一是吕某是否承诺过贷款全额给谢某使用；二是吕某是否承诺的是第一年先自用，第二年再给谢某使用。无论是哪种争议，最关键的问题都是付款时间。从书证本身的内容看，《贷款支付委托书》和两份《借款协议》偏偏就是最关键的付款时间空白。因此，不能证实吕某曾承诺过贷款到账后直接支付给谢某。

034 号鉴定书证实的则是规定贷款打入谢某公司账户的合同上盖印的吕某公司合同专用章为扫描打印件；即该文书属伪造。该文书内容明确指向吕某同意将贷款全额支付给谢某，这份伪造文书直接证实了张某对吕某和谢某的欺骗、吕某从未同意将贷款全额支付给谢某的事实。这份伪造文书要么是王某伪造的，要么是王某和张某共同伪造的，但肯定与吕某无关。这说明，张某和王某为了促成吕某和谢某的担保贷款合同，获得中介费，不择手段，两头欺骗，不惜造假，吕某和谢某同样都是被害人。

辩护要点

鉴定意见在很多案件的处理中都会起到决定性作用。对鉴定意见的质证，往往决定了辩护的成败。本案发回重审后，原一审法院要求检察机关就涉案书证中印章的同一性进行鉴定。但是，仅依靠印章的同一性，推断吕某公司会计经手盖印，再根据吕某公司会计的证言"盖章前都向吕某进行了汇报"，推断吕某通过这些书证骗取了谢某的抵押。这种推断是不能成立的。因为034号鉴定书明确证实其中一份书证中的印章是扫描形成，就已经证实了案发时吕某对很多事实是完全不知情的。至于吕某公司会计的证言，重审期间，辩护律师终于找到了该名会计进行调查核实，对方称案发时公司有两名会计，都可以盖章，具体谁盖了哪个文书，确实想不起来了。但是询问笔录并未记录会计关于时间太久想不起来的原话。另外，调查中会计还提供了另一个信息，就是吕某公司聘有法律顾问，针对联合贷款一事，由法律顾问起草了联合贷款协议，协议中载明了贷款使用方式。该事实侦查机关没有记录、调查核实。

再次上诉过程中，对鉴定意见的质证和新证据的提交尤其关键。034号鉴定书明确证实了《贷款支付委托书》上盖印的吕某公司印章为扫描形成，即为伪造，该文书内容明确指向吕某同意将贷款全额支付给谢某，直接证实了张某对吕某和谢某的欺骗、吕某从未同意将贷款全额支付给谢某的事实。但是法院没有采信这份重要鉴定书证实的内容，也没有在判决书中载明这份鉴定书的证明意义。对于035号鉴定书，虽然结论是另5份书证中的印章具有同一性，但结合当事人的供证，也无法确定盖章的过程，尤其是无法确定盖章是否经过吕某同意、吕某是否知悉书证当中的具体内容，并不能据以证明吕某有欺骗谢某的事实。

对鉴定程序、鉴定人员资质以及鉴定意见结论的审查，要求辩护律师自己或者在专家辅助人的帮助下，对鉴定内容研究得比鉴定人员更深、更细、更透。刑辩律师想要赢，就赢在专业上更精、敏锐度更高、责任心更强。可以请专家辅助人，但绝不能因为鉴定的专业性强，就完全放手交给专家。在重大复杂案件的办理中要特别重视合作，在合作中相互学习、借鉴，团队作战才能互相补充短板，真正把案件问题研究透彻、论证清楚。

案例十四：李某华涉嫌强奸罪

办案掠影

李某华与聋哑单身被害人王某某系同村村民，王某某经营了一家小卖部。

某日，李某华前往小卖部买东西时，发现小卖部只有王某某一人在看店，遂产生与王某某发生性关系的想法，于是上前搂抱进行试探，还关掉了小卖部的摄像头。王某某被搂抱时抽出手来摆手表示拒绝。李某华以为王某某是想要钱，就掏出几十块钱给王某某，王某某仍然摆手，李某华就放开了王某某，离开了小卖部。

本案系法律援助案件。庭审中，因辩护律师坚持为被告人做无罪辩护，一名主审法官在开庭前建议被告人更换辩护律师。对此，辩护律师一方面申请该法官回避，另一方面也再次向被告人就无罪辩护可能带来的后果进行示明，尊重被告人的决定。

考虑到公诉机关三年至五年的量刑建议，被告人拒绝了法官更换辩护律师的建议，同意辩护律师做无罪辩护。最终，李某被判犯强奸罪，判处有期徒刑二年六个月。

文书节选

一、"搂抱""给钱"，请求关掉摄像头，都是征求意见的意思表示

李某华和被害人王某某是多年邻居，知道被害人是聋哑人、单身，也知道她

"并不傻"（经鉴定，王某某具有性防卫能力）、家里开小卖部、装有摄像头。李某华去买东西时发现王某某一个人在家，产生了与她发生性关系（并非强奸）的想法。因为不知道她愿意不愿意，就采取了搂抱、比画要求被害人关掉摄像头等试探性行为，与她商量，看看她是否同意。李某华并没有采取构成强奸罪的暴力、胁迫手段，只是做出试探性举动。

二、想发生性关系不等于有强奸意图，搂抱也不等于着手

强奸犯罪行为，是指明知对方不同意与自己发生性行为，而决意采取暴力、威胁或其他足以压制被害人反抗的手段达成目的。

常规的搂抱不是暴力手段。在行为人明知对方不愿意与自己发生性关系而决意以大力搂抱排除反抗的情况下，大力搂抱的手段可以成为强奸犯罪的着手行为，但是轻微的搂抱明显不具有这种排除反抗的作用和暴力属性，属于单方面表达个人心意的一种比较常见的身体举动，意在表明心意、征得同意。

犯罪是具有严重社会危害性的行为；犯罪着手是基于犯罪意图，实施了使刑法保护的法益面临紧迫危险的犯罪构成要件行为。犯罪心理必须外化为刑法所禁止的行为时才能予以评价。明知对方不愿意与自己发生性关系，仍采取暴力、胁迫手段，是强奸意图的外化行为表现。本案中，行为人在不确定被害人是否愿意与自己发生性关系的情况下，实施了一系列试探举动，这些举动不能排除被害人反抗，不具有强奸罪暴力、胁迫手段的同质性，不是强奸罪的着手。

三、离开现场放弃求奸不是犯罪未遂

当李某华以眼神交流、身体搂抱、给钱、要求关掉摄像头的方式求奸时，被害人始终摆手表达不同意的态度，李某华旋即放弃求奸，离开小卖部。被害人的行动自由完全没有受到暴力、胁迫的限制，个人意志也得到了尊重。

求奸未成与强奸未遂是性质天差地别的两种行为。本案中，并非因为"被害人的反抗"而"未遂"，而是李某华尊重被害人不同意的意愿而放弃求奸。李某华的行为虽然有不妥、略显粗暴，但不可否认的是冲动搂抱是人类最常见的、单方面求偶意愿的表达方式，不是强奸罪的犯罪着手。

四、被害人不认为自己被"强奸"

行为的严重社会危害性或者法益侵害性，是犯罪的本质特征。不具有严重法益侵害性的行为不是犯罪。案发后，被害人并没有报案，是其子女不明情况向派出所报案。被害人不认为自己受到了严重的侵害，司法机关介入并认定李某华的行为侵害了被害人的性自主权，有违刑法的谦抑性。

辩护要点

刑法属于事后法，在整个法律体系中居于保障法的地位。刑事违法性是犯罪的处罚依据，虽然强奸罪在《刑法》中有明确规定，但也要适用总则条款对是否处于预备、着手、中止、未遂等犯罪停止形态进行规范。本案没有采取暴力、胁迫的手段压制反抗，对法益不具有危险性，不能认定为强奸犯罪着手，没有着手就不能认定构成犯罪未遂。

案例十五：张某涉嫌故意杀人罪

办案掠影

约三十年前，张某系某公安机关公安干警。某日，张某与友人在郊外打靶期间，偶遇当地小混混李某（前科劣迹不断，无固定收入）驾驶当时价值远超其经济能力的摩托车经过，怀疑摩托车系其盗窃所得，遂拦截盘查。不料李某直接掏出匕首将张某肩膀刺伤。张某简单处理了伤口，又乘坐其友人驾驶的摩托车追撵李某，并用打靶的枪射击李某，李某受伤后弃车逃进田地，后死亡。案发时张某被所在单位认定为正当防卫，荣立三等功。后张某被以不构成正当防卫、构成故意杀人罪为由报请最高人民检察院核准追诉。

本案的核心问题是张某是否构成故意杀人罪。如果构成故意杀人罪，最高人民检察院的核准追诉具有程序法和实体法的双重依据。如果不构成故意杀人罪，构成其他罪名，则最高人民检察院的核准追诉不能作为追诉的依据。

📁 **文书节选**

一、被害人有盗窃价值巨大的财物（摩托车）的高度可能性

第一，卷宗三册中，被害人李某的父亲明确证实其子具有多次违法犯罪前科。第二，卷宗四册中，案件过程的目击者、参与人王某、花某多次证言均明确证实三人在射击瓶子时发现李某骑着摩托车经过，王某与张某认出其是当地有些名气且多次违法犯罪的小混混李某，根据其无固定职业、无稳定收入，家庭经济状况以及摩托车在当时价值高昂，没人舍得在山坡上骑摩托车等细节，推断摩托车是盗窃所得赃物，李某具有重大盗窃犯罪嫌疑。第三，案发时的公安局长也证实确实有布置抓捕李某的警务，张某构成正当防卫的认定文件中也确认了李某的犯罪嫌疑人身份。第四，涉案摩托车至今保存完好，虽没有查到车主登记信息，但也没有查到属于李某的任何信息，可见张某的判断并非没有依据，是完全符合正常人判断能力的结果。第五，张某与被害人无任何私怨。第六，张某意图抓捕盗窃犯罪嫌疑人李某的情节也得到了本案起诉书的认定，事实清楚，证据确实、充分。

二、张某身为警察依法负有抓捕重大盗窃犯罪嫌疑人的法定职责

1995年《人民警察法》第二条规定："人民警察的任务是维护国家安全，维护社会治安秩序，保护公民的人身安全、人身自由和合法财产，保护公共财产，预防、制止和惩治违法犯罪活动。"第五条规定："人民警察依法执行职务，受法律保护。"2013年1月1日起施行的《人民警察法》第九条第一款规定："为维护社会治安秩序，公安机关的人民警察对有违法犯罪嫌疑的人员，经出示相应证件，可以当场盘问、检查；经盘问、检查，有下列情形之一的，可以将其带至公安机关，经该公安机关批准，对其继续盘问：（一）被指控有犯罪行为的；（二）有现场作案

嫌疑的；（三）有作案嫌疑身份不明的；（四）携带的物品有可能是赃物的。"第十条规定："遇有拒捕、暴乱、越狱、抢夺枪支或者其他暴力行为的紧急情况，公安机关的人民警察依照国家有关规定可以使用武器。"第十二条规定："为侦查犯罪活动的需要，公安机关的人民警察可以依法执行拘留、搜查、逮捕或者其他强制措施。"第十九条规定："人民警察在非工作时间，遇有其职责范围内的紧急情况，应当履职责。"1979 年《刑事诉讼法》第四十一条规定："公安机关对于罪该逮捕的现行犯或者重大嫌疑分子，如果有下列情形之一的，可以先行拘留：（一）正在预备犯罪、实行犯罪或者在犯罪后即时被发觉的；……（三）在身边或者住处发现有犯罪证据的……"第四十二条规定："对于下列人犯，任何公民都可以立即扭送公安机关、人民检察院或者人民法院处理：（一）正在实行犯罪或者在犯罪后即时被发觉的；……（四）正在被追捕的……"

张某身为人民警察，即使在非工作时间，对有违法犯罪嫌疑的人员，也负有当场盘问、检查的法定职责；对于骑着与经济条件明显不符的摩托车、有盗窃嫌疑的李某，依法负有将其带到公安机关进行侦查的法定职责；其所在公安机关也布置了抓捕李某的工作任务。综上，张某对涉嫌盗窃的李某进行盘查出于法定职责要求，其正当执法行为遭被害人行凶反抗是本案的起因。

三、张某履行警察职责区别于故意杀人目的，不构成故意杀人罪

如前所述，张某依法抓捕李某的意图有确实、充分的证据证实。张某在抓捕李某过程中，遭到李某的持刀行凶，李某已经由人身危险性相对较弱的盗窃犯罪嫌疑人转化为行凶袭警的现行犯。对于人身危险性显著升高的李某，张某的继续追捕不仅是职责要求，也具有现实紧迫性，确属正当履行警察职责行为的延续。

故意杀人罪是指故意非法剥夺他人生命的行为，本案中的张某显然不具有非法剥夺被害人生命的故意和目的；依法抓捕盗窃犯罪嫌疑人、行凶现行犯的目的尽管造成了李某的死亡，但也是出于依法履行警察职责的直接目的、因遭遇被害人行凶反抗并驾车逃跑引发。起诉书以结果推论张某具有故意杀人目的，与其认定

的张某怀疑被害人盗窃摩托车的案发起因相互矛盾。换言之，如果张某不是警察，他与李某并无私仇私怨，不可能抓捕并追击李某；如果张某有故意杀人意图，完全可以在李某弃车时继续追击并当场枪杀被害人。起诉书认定的案件过程，均表明张某没有杀害李某的意图，只有抓捕犯罪嫌疑人的执法意图。

四、张某履行抓捕职责时持枪射击手段不当，涉嫌玩忽职守犯罪

根据案发时的 1979 年《刑法》第八章渎职罪第一百八十七条规定，国家工作人员由于玩忽职守，致使公共财产、国家和人民利益遭受重大损失的，处五年以下有期徒刑或者拘役。张某为履行警察的法定职责，抓捕盗窃犯罪嫌疑人、暴力抗拒抓捕的现行犯，使用枪支射击但并未射击李某的要害部位；李某受伤后仍然抗拒抓捕、继续逃往田地深处，张某在自身受伤的情况下，没有对可能受枪击致伤的李某进一步实施抓捕，以免自身或对方遭受更大的损害，而是立即折返骑摩托车前往医院并第一时间向局长报告、布置抓捕、搜寻李某，在已经造成李某受伤的情况下，受案发当时的客观情况、通讯条件和抓捕能力限制，其处置并无明显不当。

整个过程中，只有张某持枪射击已放弃抵抗、意图逃跑的李某这一行为具有正当性的争议。但在张某人民警察的身份之下、在其抓捕李某行为本身属于依法履职性质的前提下，其出于抓捕目的使用枪支射击并造成李某死亡的后果，无论是按照案发时还是当下的刑法规定，都属于不正确履行职责的玩忽职守或滥用职权犯罪，而案发时立法并未严格区分玩忽职守犯罪和滥用职权犯罪，滥用职权犯罪包含在玩忽职守犯罪之中。现行《枪支管理法》于 1996 年 7 月 5 日通过，案发时尚没有人民警察使用枪支警械的具体规定，身为警察的张某在案发时抓捕现行犯、有重要人身危险的犯罪分子，使用枪支并不违反当时的法律法规规定。张某的枪击行为在案发当时并不违法、仅属处置失当。

五、张某涉嫌的玩忽职守犯罪并未得到最高人民检察院核准追诉

如前所述，根据起诉书认定的张某的警察身份、案发起因、案发过程，以及在案证据和法律规定，足以证实张某不构成故意杀人罪；事实上，以案发时的客观条件, 张某也没有更好的阻止被害人死亡结果发生可能性的选择, 被害人死亡的结果还介入了被害人自己逃避追捕、其父母私藏被害人以及停电等因素; 张某在本案中的唯一过错仅限于持枪射击正在逃跑的现行犯的执法行为的正当性、合法性问题, 由于当时并没有明确的枪支持有、使用管理规定, 故仅属于不恰当行使人民警察抓捕现行犯职权、玩忽职守的性质。

根据现行《刑法》第八十七条关于追诉时效期限的规定, 犯罪经过下列期限不再追诉: 1. 法定最高刑为不满五年有期徒刑的, 经过五年; 2. 法定最高刑为五年以上不满十年有期徒刑的, 经过十年; 3. 法定最高刑为十年以上有期徒刑的, 经过十五年; 4. 法定最高刑为无期徒刑、死刑的, 经过二十年。如果二十年以后认为必须追诉的, 须报请最高人民检察院核准。

换言之, 只有法定最高刑为无期徒刑、死刑, 经过二十年以后认为必须追诉的, 才能报请最高人民检察院核准。而本案无论依据案发时还是当前的刑法规定, 都不能构成故意杀人罪, 仅涉嫌玩忽职守罪, 但玩忽职守罪的法定最高刑较低, 不属于可报请最高人民检察院核准的案件。

辩护要点

可能造成被害人重伤、死亡后果的罪名很多, 行为人对被害人死亡的结果可能出于故意, 比如故意杀人罪, 也可能出于过失, 比如非法拘禁造成被害人死亡; 还可能为追求其他直接目的而实施了故意杀人的行为, 比如为抢劫而杀害被害人, 定抢劫罪而非故意杀人罪。可见, 并非有故意杀人行为就构成故意杀人罪。

同时, 最高人民检察院核准追诉的罪名是有法定限制的。如果司法机关报核的张某涉嫌故意杀人罪罪名不能成立, 最高人民检察院的核准追诉决定不能影响张某涉嫌的其他罪名的追诉时效。

案例十六：姜某等人骗取国家补偿款案

🔍 办案掠影

　　姜某、王某等人共同经营某工厂，工厂位于道路两侧，其中一侧厂房拆迁后，其认为另一侧厂房也会被拆迁，遂扩建厂房，或租或购机器设备。公诉机关认为，姜某等人构成诈骗罪（骗取国家补偿款）、向非国家工作人员行贿罪。

　　根据《刑法》第一百六十四条的规定，对非国家工作人员行贿罪是指为谋取不正当利益，给予公司、企业或者其他单位的工作人员以财物，数额较大的行为。本案中的王某等人请评估人员江某吃饭，给江某送钱，不能直接得出具有贿买江某职权谋取不法利益的目的，当事人的目的是"评估时有浮动，多评估点儿"，是说评估标准有一个区间，可能被高估，也可能被低估，谁也不想被低估价值受损失，在区间标准内的最高价值，就是被拆迁户认为的应有价值，不属于谋取不法利益。

　　至于租赁或购买机器设备"骗取"国家补偿款的事实能否构成诈骗罪，也要结合全部案情综合审查。

📋 文书节选

　　在征迁补偿过程中的非法占有目的、欺骗行为、欺骗行为是否导致征迁补偿方陷入错误认识并作出错误决策，不能仅以生活中对欺骗的认识为依据，需要结合征迁补偿依据、征迁补偿工作和征迁补偿协议进行全面考察。

一、在被征迁前租赁和购买旧设备不被法律禁止

　　《征迁补偿协议》是判断当事人在征迁过程中是否有违法违规甚至骗取国家补偿款的犯罪行为的根本依据。

1.《征迁补偿协议》首先载明，征迁严格遵循征迁评估的相关法律和法规。"在平等、公正原则的基础上，对乙方使用的土地、房屋、机械及相关附属物、购置物等委托安徽某房地产评估有限公司进行评估测算……"，可见，严格遵循法律法规开展征迁工作，是甲方即人民政府的义务，并非乙方的义务。这当然不是说乙方可以违法犯罪，而是说在征迁工作中，征迁工作程序、补偿标准是由政府制定的，乙方的主要义务是配合。

2.《征迁补偿协议》规定，甲方给予乙方的征迁补偿，以评估报告作为主要依据。评估报告由甲方委托第三方公司作出。评估报告的评估标准具有专业性，但评估报告的评估对象、范围是由政府工作人员核定的。

3.《征迁补偿协议》是甲乙双方自愿协商的结果。《征迁补偿协议》明确约定，"本着公平、公正、自愿的原则达成如下补偿条款"，也就是说，《征迁补偿协议》虽然具有行政征收的强制性，但在补偿条款的确定过程中，遵循的是平等民事主体间民事行为自愿公平的基本原则。

4.《征迁补偿协议》载明补偿的对象是乙方的相关固定物。其中第二条、第三条规定，补偿的主要依据包括对乙方的房屋、附属物、构筑物、机械等相关固定物进行的评估，依据相关征迁文件规定，给予乙方（包括房屋、厂房、土地、附属物、构筑物、基础设施、机械、搬迁费、临时安置费、停产停业损失补偿费、奖励资金等）所有相关征收补偿费用合计 5344 余万元。"固定物"表明甲方对补偿对象是自有还是租赁性质及购置日期不作限制。

5. 根据《征迁补偿协议》，姜某在本案中没有不诚信行为，更没有诈骗行为。《征迁补偿协议》规定了乙方的保证责任，要求乙方承诺"保证其向甲方提交的房屋、土地及附属物等被征收范围内财产的权属证书等有关信息真实有效，其是该财产的所有权人；保证被征收范围内财产未设立抵押、承租权"。《征迁补偿协议》没有要求乙方保证被征收范围内财产不能是为了多获得征迁补偿款而购买。本案中，高压锯模机是姜某购买的，财产未设立抵押、承租权，产权无瑕疵，权属信息完全是准确的。

二、姜某等人对机械设备的补偿问题没有责任

《征迁补偿协议》依据的《某国有土地上房屋征收与补偿实施方案》规定："征收企业厂房的，房屋征收部门可以委托具有资产评估资质的评估机构，对用于生产经营的机械设备（不含已废弃机械设备）现值进行评估，经现场公示无异议后，按照评估结果的 10% 对机械设备搬迁费用予以补偿。"该条规定表明：

1. 征收企业厂房的，对用于生产经营的机械设备（不含已废弃机械设备）现值进行评估。对机械设备进行评估，一是要求实际用于生产经营，二是非已废弃机械设备，但这一标准是甲方掌握的标准，甲方在征收中负有政策法规的掌握、适用职责，乙方不负责政策法规的主动审查应用。没有证据证实政府工作人员就本案中的机械设备进行过调查核实。

2. 征迁工作人员尤某的证言内容不能证实乙方虚构事实、隐瞒真相。尤某证言中陈述的走访调查并没有履行相关程序，没有示明法律责任，是非正式调查，姜某等人对非正式调查中的言行不负责任。

3. 甲方违规操作是产生损失的根本原因。按照相关文件规定，本案中无论是租赁设备，还是姜某购买的高压锯模机，都应只补偿现值的 10% 作为机械设备搬迁费用。以姜某 90 万元购买的高压锯模机为例，按照相关规定，只能得到 9 万元左右的机械设备搬迁费用，无论如何也算不到 430 余万元。而征迁工作违规操作，给予姜某等人所在工厂超标的补偿款，姜某等人对此既无实质审查的能力，也无实质审查的义务。如果政府征迁部门因工作疏忽错误计算补偿款，根据《征迁补偿协议》争议解决条款，应当另行协商解决，民事上可能构成不当得利。

三、姜某等人没有实施虚构事实、隐瞒真相的行为

刑法上的欺诈行为必须是足以造成被害人产生错误认识，并因错误认识做出对财产的处分决定的行为。被拆迁人主张的骗补偿款行为，是否具有诈骗罪中的非法占有目的，还需要进行规范、严谨的司法判断，既不能主观归罪，也不能客观归罪。对于姜某等人及其工厂而言，花钱买设备、租设备放在厂房内是其行为自由和权利，能不能获得补偿款，属于政府审查决定的范畴。涉案行为只是增加

了多获得补偿款的可能性而不是必然性。

1. 租赁和购买设备系由评估公司江某提议。江某作为专业人士，提供的建议应当合法合规，姜某等人难以认识到江某关于租赁、购买设备以提高评估价值的建议属于骗取国家补偿款的性质。想多获得补偿款是被拆迁人的正常想法，相关文件中也没有任何禁止被征迁单位购置、租赁机械设备的规定。征迁的过程既有政府职权行为，如登记审核，也有协商行为，如本案中多处证实的，政府为顺利征迁帮助被拆迁户多获得补偿款。

2. 本案中，姜某等人没有虚构事实、隐瞒真相的行为。起诉书认定姜某等人"通过租赁和购买旧的设备放在厂房内以提供评估价值，骗取政府拆迁款"；还将翻新、制作假铭牌认定为犯罪事实。但这些都不是违规计算征收补偿费的理由。没有任何证据证实法律法规或者征迁依据的文件禁止被拆迁人租、买新设备；征迁补偿的依据主要是评估报告，但无论是拆迁工作人员尤某还是评估工作人员，在机械设备的调查登记和评估过程中，都没有就机械设备是否为新近购置、是否拥有所有权、是否进行了翻新进行正式调查，尤某也只是问了一句机械用途，没有人向征迁工作人员就机械设备是否新近购置、是否进行了翻新等问题虚构事实、隐瞒真相。从姜某的角度，是租赁而来或是临时购买，政府征迁工作人员根本不关心；征迁工作人员没问，姜某等人也没有必要主动说；而尤某、王某之间的交流姜某既未参与、也不知情。

3. 本案中，被拆迁人只对《征迁补偿协议》内容负法律责任。姜某购买的高压锯模机，符合《征迁补偿协议》对权属信息的要求，其具有对高压锯模机的所有权，不具有任何欺骗性质。姜某当庭辩解其购买行为系出于生产经营目的。对其他租赁设备行为，姜某没有参与决策、实施，并不确定究竟是租赁还是购买。在检察机关的讯问笔录中，姜某就辩解对高压锯模机以外的事实不知情，没有参与预谋和实施。当然，如前所述，对租赁设备问题，更关键更主要的问题还是征迁工作人员没有就设备是否为临时租赁问题进行调查，本案中没有这样的证据。即使是在《征迁补偿协议》中，也没有就关键条款进行风险提示性的强调。翻新、制作假铭牌，不属于"权属信息"，不构成虚构事实、隐瞒真相。这些信息对是否给付补偿款以及补偿款的计算标准没有决定作用。

根据《刑法》第二百六十六条的规定，诈骗罪是指以非法占有为目的，使用虚构事实、隐瞒真相的欺骗方法，骗取数额较大的公私财物的行为。企业作为《征迁补偿协议》的一方，是合同主体，顺利征迁需要被征迁单位的自愿同意，为了多获得补偿款而购买机械设备，其实质是增加了与政府就拆迁补偿达成协议、配合政府拆迁的可能，政府并未明文限制、禁止这种方式。机器设备凭空出现，没有通电也没有使用，但应对核查时也没有采取任何措施。可见，政府对被征迁单位的意图是明知的，但采取了"睁一只眼闭一只眼"的态度，涉案行为至少没有导致政府陷入错误认识。本案中的机械设备，没有出现在征迁补偿款明细表中，征迁工作人员也没有对机械设备进行实质调查核实，没有在《征迁补偿协议》中列明除权属证明信息以外的其他保证责任，要求被告人对为此承担刑事责任，没有法律依据；根据相关文件规定，对被征迁单位的机械设备，政府本应评估其现值，补偿现值 10% 的补偿款，而将违规计算并发放的补偿款认定为诈骗所得，显然并不妥当。

辩护要点

每个被拆迁人都想多获得补偿款，这无可厚非，但是否给予补偿需要政府根据征迁文件进行审查，由政府主导。

《征迁补偿协议》是甲乙双方承担法律责任的根本依据，《征迁补偿协议》中依据的相关文件是甲方义务，并非乙方义务。甲方违规不能让乙方承担刑事责任。本案中，根据双方《征迁补偿协议》规定，乙方仅负有"保证其向甲方提交的房屋、土地及附属物等被征收范围内财产的权属证书等有关信息的真实有效，其是该财产的所有权人；保证被征收范围内财产未设立抵押、承租权"的责任。《征迁补偿协议》表明，最终的补偿决定、补偿范围是甲乙双方协商的结果；本案中的《征迁补偿协议》表明，甲方没有对本案中的机械设备进行实质审查，也没有依相关文件要求计算赔偿范围，为了顺利征迁而自主自愿地进行了超范围、超标准的补偿。

在这种情况下，征迁工作人员实际上没有陷入错误认识，也不存在错误处分国家财产的行为。在拆迁工作中，双方的协商内容、争议问题，应当及时摆在桌面上共同解决。

第六章

二审阶段

编者按：关注个案中的个人、追求个案公正、辩出一份公正判决，让每个人在案件中感受到公平正义，是每个刑辩律师在办案中的最高追求。只有实现个案公正，才能通过个案推动法治进步。只有每个个案的公正，才能收获刑辩律师的职业尊荣。

辩出一份公正的判决，首先要把案件做实。把案件做实，记住4个要点：一是有效阅卷，发现真问题；二是有效会见，讲出好故事；三是有效调查取证，获取证据线索；四是变身法官助理，帮助法官找法。在此略微扩展，找法不仅包括查找政策规定、法律法规、地方性法规，还包括找典型判例，对疑难问题的透彻论证。

有效阅卷，发现真问题，要有敏锐捕捉辩点的能力。辩点准确是一切辩护工作的核心，是有效辩护的"王道"。围绕辩点，展开会见、调查取证、找法等其他工作，夯实辩点的论据基础。

刑事诉讼各阶段都是不可逆转的。我国是二审终审制，除被判处死刑立即执行的案件外，二审已经是终审程序。在二审阶段，能否发现此前各阶段辩护律师都没有论证的案件核心问题，能否将此前没能论证透彻的问题论证出新意，能否穷尽路径提供促使二审合议庭开庭审理和改判的新证据，甚至能否纠正此前阶段不当辩护工作造成的偏差，对刑辩律师的实务经验、专业技能和执业智慧都是极大的考验。

案例十七：方甲涉嫌受贿罪

办案掠影

本案与其他罪与非罪的争议不大相同，被告人方甲所涉7起受贿事实，事实俱在，其中一处房屋登记过户在方甲之妹方乙名下，还有一笔贿赂款收受后放在车库数年之久。令人疑惑的是，一审辩护律师不仅做了全案无罪辩护，还在没有任何非法取证的具体事实、证据、线索且被告人明确表示庭前笔录内容属实的前提下，在庭前会议中提出了非法证据排除申请，让被告人大感意外、措手不及。由此，原本起诉书中认定的"如实供述犯罪事实，具有坦白法定从轻处罚情节"和从轻量刑的量刑建议被公诉人当庭取消，被告人被认定"当庭翻供"。

为了纠正这一问题，笔者团队接手该案二审辩护工作后，多次前往二审法院同办案法官、主管庭长沟通，从法律上的争议到独立辩护给上诉人造成的影响等方面进行了充分的阐述，争取到了二审法院的认可，最终在二审判决中减少了刑期。将本案收录进来，也是想提示青年刑辩律师，并不是所有案件都可以做无罪辩护，任何辩护策略的制定都必须结合案件具体情况，慎重决定。同时，辩护策略的制定也不是辩护律师单方的事，必须与当事人本人甚至与当事人家属、委托人充分探讨研究，得到当事人本人同意，获得当事人本人的配合，才有可能取得理想效果。

本案有争议的事实是：

1. 2007年，方甲授意方乙收受ZW公司价值50万元的股权；方乙转账给ZW公司50万元的入股资金后，成为公司股东，还提供了自有房屋给公司做员工宿舍。其间，ZW公司出资购买了12间办公用房，先暂时登记在公司员工名下，不久就更名到ZW公司。其中价值400余万元的3间办公用房登记在股东方乙名下，不久与其他办公用房共同收回到ZW公司名下。一年后，50万元入股资金退回给方乙，但直到案发时方乙、方甲均未收受过分红。一审判决认定：2011年（本案案发时间为2018年），方甲因"反腐形势严峻，担心案发"，与ZW公司员工时某商量后，将该3间办公用房以及价值50万元的股权退回给ZW公司。

2. 2001年至2009年，被告人方甲接受YA公司负责人柴某250万元好处费。2011年，方甲因"反腐形势严峻，担心案发"，与柴某商量后，通过时某将250万元退还给柴某。

主要争议焦点有：

（1）"及时退还的，不是受贿"的认定；

（2）房屋未实际交付，也未实际控制，如何认定双方的行贿、受贿意图和具体犯罪形态；

（3）干股型受贿中，"有具体出资、未实际获利"对定性的影响。

💼 文书节选

一、方甲具有"及时退还，不是受贿"的免罪情节

根据《最高人民法院、最高人民检察院关于办理受贿刑事案件适用法律若干问题的意见》（以下简称《意见》）第九条第一款规定，"国家工作人员收受请托人财物后及时退还或者上交的，不是受贿"。

1. "收受财物"是指明知是贿赂而收受（构成既遂），"退还"是指收受完毕（既遂）后退还。从字面表述看，收受请托人财物显然是指明知是贿赂财物而收受，而非不明知是贿赂而收受。后者不具有收受故意而不是犯罪，属于法定的无罪而非裁量的无罪。《意见》规定的"收受财物后及时退还或者上交的，不是受贿"，应属裁量的无罪，即在行为构成受贿罪既遂的前提下，考虑到其及时退还或者上交反映出行为人较轻的主观恶性，不以犯罪论处。

2. 在被调查前的退还均应认定具有自动性，属于"及时退还"。参照《最高人民法院、最高人民检察院关于办理行贿刑事案件具体应用法律若干问题的解释》第十三条，认定是否属于"被追诉前"的节点，在于检察机关对行贿人的行贿行为是否立案侦查，只要在立案前或犯罪行为已被司法机关掌握前主动交代，就应认定为在"被追诉前"主动交代。因此，"及时"与否不应单纯以收受贿赂和退还之间的时间差为标准进行衡量。在被司法机关立案调查或被司法机关掌握前，自动、彻底退还的均应认定为"及时退还"。本案中，无论是250万元、3间办公用房，还是50万元股权，都在2011年退还，距离方甲被立案的2017年间隔长达6年之久，期间没有任何反复，也没有新的受贿事实，足见方甲退还的意愿是真实的，且不具有逃避侦查的目的，应属于"及时退还"。

3. 判决书认定的"形势严峻""为避风头""害怕被追究刑事责任""为掩盖罪

行"没有事实、证据依据。逃避侦查、掩盖罪行与害怕被追究刑事责任是有区别的，前者应发生在立案侦查前后的阶段，后者发生在尚未被司法机关发现的阶段。《意见》没有将退还的内心动机作为认定要件。趋利避害是人性使然，所有的退还均不能否认有"害怕被追究刑事责任"的目的。在没有被立案侦查、犯罪事实尚未被掌握之前的退还，应当认定为"及时退还"。

二、关于3间办公用房

1. ZW公司是否确有行贿意图存疑。权钱交易的本质在于"权钱交易""以钱换权"，以小钱换取权力寻租，谋取数倍甚至百倍的利益。而ZW公司没有需要行贿的对价利益。2016年《最高人民法院、最高人民检察院关于办理贪污贿赂刑事案件适用法律若干问题的解释》第十三条第一款规定："具有下列情形之一的，应当认定为'为他人谋取利益'，构成犯罪的，应当依照刑法关于受贿犯罪的规定定罪处罚：（一）实际或者承诺为他人谋取利益的；（二）明知他人有具体请托事项的；（三）履职时未被请托，但事后基于该履职事由收受他人财物的。"本案中，ZW公司直至被立案之时也没有过任何请托事项。

2. 认定ZW公司以3间办公用房行贿违背证据指向。该节事实中，无争议的事实是该房产经方乙2010年1月14日签署了《商品房买卖合同》《协议》和《抵押合同》，2011年转归案外人徐某名下。因是ZW公司自购住房，仅暂时落户在公司员工名下，其所有权仍归公司所有。当时正是方乙入股50万元、成为公司股东期间，该房落在方乙名下正是基于方乙是公司股东的事实，与落在公司其他员工名下一样同属权宜之计，ZW公司没有放弃所有权的意思表示和行为。

（1）方乙与ZW公司签订的《协议》内容，与其他公司员工签订的协议内容雷同，可以证实房产归公司所有，方乙仅是名义所有人之一。ZW公司与公司员工时某、马某、徐某、林某、梁某、方乙等人同时期签订《协议》，明确约定：购房款由公司出资，房产权益属于公司。ZW公司员工时某、徐某等证人的证言均证实，包括方乙名下的3间办公用房在内的共计12间房产全部由公司出资，所有权归公司所有；签订该《协议》是"为了避免纠纷，确保房产归属公司"。

（2）《商品房买卖合同》属于生效（撤销）条件的期房预售合同，不是产权凭证。合同规定"购买方逾期不付房款即对方有权单方解除合同"，这属于附解除条件的合同条款，合同效力待定。方乙此后并没有支付房款，该房款实际由 ZW 公司支付，再转归他人名下，流程也与其他员工名下公司房产的处置流程相同。

（3）《抵押合同》证实 ZW 公司不具有行贿目的。ZW 公司出资、以员工名义持有的 12 间办公用房中，其他代持员工都没有签署《抵押协议》，只有方乙签署了《抵押协议》。《抵押协议》中有"若 2011 年 7 月 31 日前未向 ZW 公司偿还购款视同放弃购买权利"的规定，是为方乙专门设定的条款，明显是出于防范方乙不实际出资而占有房产的目的。

3. 即使认为双方行贿、受贿已达成合意，3 间办公用房的行贿、受贿事实也属于犯罪未完成形态。房产未经过户或未实际控制不能构成犯罪既遂。受贿犯罪是权钱交易犯罪，牟利的承诺和收受贿赂（财物交付或实际控制）均是犯罪构成的必备要件。以房产为标的的行贿、受贿犯罪，受贿人控制房产的标志包括房产已过户至受贿人或受贿人指定人员名下，或者受贿人持有房产钥匙，或者已实际使用。司法实践中，对行贿人在交付贿赂前单方中止、不予办理买卖或过户手续、不交付财物等导致受贿人受贿目的落空的情况，均应以犯罪未遂认定。

《刑事审判参考》总第 114 集第 1266 号案例"尹某、李某颐非国家工作人员受贿案"中明确，"至于是否现实地收到了贿赂款物只影响评价犯罪是否既遂""实践中，在尚未收取到贿赂款物时即案发的一般可认定为犯罪未遂""例如，甲利用职务便利为他人谋取了利益并商定了受贿金额，在未收到贿赂款时即被举报并案发……尚未收到财物仅评价为未遂"。

综上，在 3 间办公用房一节事实中，双方是否有过犯罪合意，行贿人是否具有真实的行贿意图，事实不清、证据不足；房产从未交付或置于方甲或方乙的实际控制之下，也不能构成犯罪既遂。

三、关于 50 万元干股

1. 方乙有真实的投资入股和以固定资产投资参与经营的行为。"走账"是指掩盖真实目的的虚假出资。本案中，方乙有真实出资。其于 2007 年 7 月 27 日、8 月 1 日以罗某名义实缴出资人民币 50 万元真实注入 ZW 公司。不仅有现金出资，方乙还投入了个人房产用于公司经营使用。其提供了姐姐方丁名下的某小区 402 号房屋，作为 ZW 公司员工宿舍使用至今，这是方乙投资经营的行为表现。

2. 10 年间从未分红获利，不具备干股型受贿特征。干股型受贿，是以入股为名，行收受行贿人贿赂款之实。而本案从案发至方甲被立案侦查，在长达近 10 年的时间里，ZW 公司从未以干股为名，向方甲以分红等名义输送过贿赂款，显然与干股型受贿罪的本质特征相违背，名不符实，主客观特征相悖。

3. 方甲关于收受干股的供述与客观事实不符，不应主观归罪。仅停留在口头约定而无客观实行行为属于思想犯范畴。卷宗中，方甲关于时某曾向其表达过赠送干股意图的供述始终稳定，但客观上其妹妹方乙却以真实的现金和房产使用权进行了出资，也从未收受过干股对应的利益。即方甲与时某关于收受干股的犯罪合意并未真实发生。不考察方乙以投入房屋使用权的方式实际参与经营的行为，也不考察 10 年间从未分红的事实，将这些与干股型受贿特征相违背的事实认定为干股型受贿，属于主观归罪。

四、关于"当庭翻供""拒不认罪"

根据法律规定，对行为性质的辩解，不是翻供。无论是在一审庭前会议记录中，还是在一审庭审笔录中，均清楚地记载了方甲对全部犯罪事实的基本供述与其庭前供述大致相当的事实，表明了方甲如实供述、自愿接受审判的认罪、悔罪态度。其对 3 间办公用房等两节行贿、受贿合意的供述确有反复，但该反复符合因年代久远、记忆与事实之间相互影响导致记忆不清的人的记忆规律。行贿人及方乙的证言，均证实各方就干股一节事实的沟通只有只言片语，方甲对具体事实的了解确实是极少和片段化的。本案其他证人的证言也表现出这一特征，可见方甲的供述有所反复是合乎情理的。

此外，需再次强调的是，方甲退赃于 2011 年，其实际被立案于 2017 年，其间有 6 年时间。其间，方甲始终遵纪守法，既没有过反复也没有任何新的违法犯罪行为，足见其悔过自新的态度和决心，以及其可改造性和明显更低的社会危险性。

辩护要点

上诉阶段，笔者团队受案后第一时间前往会见，约见二审承办法官，与委托人、家属讨论案情、制定辩护策略。这些常态且必需的工作，竟然让委托人及其家属大感惊讶和意外。据家属讲，一审律师从不主动会见，也没有主动约见过办案检察官、法官。这让笔者大跌眼镜。辩护律师应当通过各种途径、渠道积极争取同办案人的沟通机会，仅被动地提交材料、出庭辩护，很可能会错过很多有效辩护的时机。

多次同二审承办法官进行沟通后，笔者争取到了所在高级人民法院刑庭庭长的接见，庭长及合议庭成员对辩护人辩护意见的专业性表示了高度的认可。考虑到涉案金额较大，二审辩护的主要目的非常明确，就是争取二审合议庭对案件事实、法律、证据、家属积极协助退赃等各方面因素重新进行综合考量，求得从轻量刑。最终二审判决对辩护人所提大部分关于实体问题的辩护意见未作评判，仅认定"辩护人称方甲具有坦白认罪、退赃等情节，请求从轻处罚的辩护意见成立，本院予以采纳"，撤销了原一审判处被告人方甲有期徒刑十二年六个月的判决，改判有期徒刑十一年。

对于被告人而言，二审的改判不仅关涉一年六个月的自由，还关系到被告人服刑期间的减刑。《最高人民法院关于办理减刑、假释案件具体应用法律的规定》第三条规定，"确有悔改表现"是指同时具备以下条件：（1）认罪悔罪；（2）遵守法律法规及监规，接受教育改造；（3）积极参加思想、文化、职业技术教育；（4）积极参加劳动，努力完成劳动任务。对职务犯罪、破坏金融管理秩序和金融诈骗犯罪、组织（领导、参加、包庇、纵容）黑社会性质组织犯罪等罪犯，不积极退赃、协助追缴赃款赃物、赔偿损失，或者服刑期间利用个人影响力和社会关系等不正当手段意图获得减刑、假释的，不认定其"确有悔改表现"。

案例十八：王某某涉嫌过失致人死亡罪

🔍 办案掠影

被告人王某某（男，时年38岁，身高173厘米，中等身材）与被害人姜某（男，时年43岁，身高180厘米，体格强壮）系合居两居室的邻居，两家共用一间洗漱间。某日，姜某醉酒后，嫌王某某妻子、女儿洗漱刷牙的声音大，将王某某妻子骑在身下殴打。王某某见状，用货架推姜某，随后姜某由其家人推拽回自己房间。约5分钟后，姜某在自家房间内心脏病突发倒地身亡。

该案检察机关以被告人犯故意伤害（致死）罪定罪起诉；一审法院以被告人犯过失致人死亡罪，判处有期徒刑十年。

二审阶段，上诉人的辩护律师联系到笔者团队研究辩护策略。我们发现，一审辩护仅从正当防卫的角度进行论证，虽然这一角度也是成立的，但是在当时的司法现状下（山东辱母杀人案、昆山反杀案尚未发生，正当防卫在实务中较难得到确认），无疑风险较大，因此必须多角度论证，帮助法官厘清案件问题，促使改判。

我们着手为该案撰写辩护意见后，二审改判王某某有期徒刑三年，缓刑五年。

📋 文书节选

一、一审法院更改罪名未保障被告人辩护权

2012年《最高人民法院关于适用〈中华人民共和国刑事诉讼法〉的解释》第二百四十一条（现为第二百九十五条）规定："对第一审公诉案件，人民法院审理

后，应当按照下列情形分别作出判决、裁定：……（二）起诉指控的事实清楚，证据确实、充分，指控的罪名与审理认定的罪名不一致的，应当按照审理认定的罪名作出有罪判决……具有前款第二项规定情形的，人民法院应当在判决前听取控辩双方的意见，保障被告人、辩护人充分行使辩护权。必要时，可以重新开庭，组织控辩双方围绕被告人的行为构成何罪进行辩论。"

一审法院变更起诉指控的罪名，有权按照审理认定的罪名作出判决，但在判决前必须根据案情，听取控辩双方的意见或重新开庭审理。而本案中，一审法院没有执行上述规定，径行以审理认定的罪名作出有罪判决，违反了司法解释的规定。实体上，这导致控辩双方无法有针对性地参与对事实的调查及提供相应证据，不利于案件事实的查清；程序上，这剥夺并限制了控辩双方的诉讼权利，尤其是剥夺了被告人及其辩护人针对新罪名的辩护权，有违控审分离、依法保障被告人辩护权等诉讼原则。

二、被告人的行为不构成过失致人死亡罪

1. 轻微暴力行为不是犯罪的实行行为，不具有故意伤害罪或过失致人死亡罪客观行为的定型性。认定被告人用货架推或打被害人导致其心脏病突发身亡的证据不足。鉴定意见证实：姜某符合在外伤、剧烈活动、情绪激动等诱因作用下冠状动脉粥样硬化心脏病急性发作死亡。该意见所列"外伤""剧烈活动""情绪激动"属于选择性、示范性、或然性的诱因罗列，既有可能是外伤作用下诱发，也有可能是剧烈活动诱发，还可能是情绪激动诱发（后两者是死者自身原因导致），或者是三者结合诱发，又或者是其他原因诱发。也就是说，其诱发原因是否为被告人用货架推或打这一行为不能确定。

2. 被害人死亡的主要原因是自身特异体质，次要原因是其自己寻衅滋事引发的"剧烈活动""情绪激动"，同被告人用货架推被害人的行为之间的因果关系没有证据证实。根据法医鉴定，被害人左胸部、左肩部、右背部有四处皮肤擦伤，左肩胛冈中部有一处片状肌肉出血，根据损伤的形态特征，推断为受钝性物体外力作用形成，左肘部有三处皮肤擦伤，推断为磕碰擦蹭形成，上述损伤较轻，不

能致死。毫无疑问的是，以上伤均属于外伤。本案被害人有与被告人妻子的厮打行为，有其家属强行拉拽其回自己房间的行为，被告人仅有的用货架推被害人的行为是否造成外伤，是上述哪一处外伤，事实不清。诱发被害人心脏病发作的外伤，可能是被害人自己造成的，也可能是被告人造成的，还可能是被害人家人造成的。

3. 被告人的行为构成正当防卫。虽然被告人一家及辩护律师都对被害人的死亡深表遗憾，但不得不正视的事实是本案起因于被害人酒后滋事、将被告人妻子骑在身下殴打的行凶犯罪行为，被告人构成正当防卫。在整个过程中被告人一家是受害者，没有任何过错，并非判决书叙述的"为此双方在房厅发生口角并厮打"。被告人一家是违法犯罪行为的受害者；被害人酒后滋事、随意殴打他人的行为，已构成寻衅滋事罪或故意伤害罪（已造成被告人妻子轻伤）；其犯罪行为引发的他人正当防卫行为，及自身情绪激动引起心脏病突发死亡的结果，应由其自己负责，不能因此陷人入罪。在此过程中，被告人为制止其违法行为，用货架推被害人，采取的措施、强度并无不当，属于正当防卫。

4. 被告人对危害结果不具有预见可能性。被告人同被害人系邻居，并不知道被害人患有心脏病，从案发到被害人突然倒地，其发病前毫无征兆，连其家人都不能预见到被害人有可能发病，更不能要求被告人认识到身强力壮的被害人的特异体质。

5. 本案也不具备避免结果发生的可能性。

综上，本案表面上看系行为和死亡结果有无刑法因果关系的问题，实质上是并无犯罪（故意伤害罪和过失致人死亡罪）的实行行为的问题。由于欠缺故意伤害罪和过失致人死亡罪的实行行为，双方的纠纷和被害人的死亡结果均由被害人自己引发，行为人不应负任何责任，本案属于意外事件。

辩护要点

一审判决后，上诉人的辩护律师联系到笔者团队寻求专业上的帮助。我们直接撰写了这份辩护意见。本案中对鉴定意见的审查质证意见，后来被中国政法大学证据法学教授在授课中引用，作为论证鉴定意见结论唯一性、确定性的典型案例，从而为更多的法律人熟知，影响更多的案件办理，令人欣慰。

事实上，这样的义务指导，笔者团队还做了很多。2018年，笔者团队发起了全国十地的刑辩技能的巡讲，从发问、质证、辩论到各阶段的工作要点，从庭前辅导到与司法人员的沟通，得到了各地律协和律师同行的高度评价。笔者也时常收到相关反馈，称运用了某些课程中的知识点并获得了比较理想的辩护结果。

回归本案，一方面，本案属于轻微暴力结合被害人自身特异体质造成死亡后果的典型案件，正如何荣功教授指出："过失致人死亡罪的成立也需要同时具备主客观要件，客观上必须具备致人死亡的实行行为。轻微暴力连刑法中的伤害行为都难以构成，更难被认为属于'致人死亡的行为'从而认定为过失致人死亡罪。实践中，此类行为不管是被认定为故意伤害罪还是过失致人死亡罪，实际上是综合考虑刑法规定、刑事政策、被害人诉求及其社会效果的结果，严格按照刑法规定和犯罪成立的逻辑，此类案件难以认为成立犯罪。"[1]另一方面，本案被害人还具有在起因上足以引发正当防卫的严重过错。无论是从正当防卫的角度，还是从轻微暴力的角度，都不应该以犯罪论。

本案虽然没有实现二审改判无罪的结果，但二审从有期徒刑十年实刑改判有期徒刑三年，缓刑五年，可谓求其上得其中，符合被告人及其家人期待的结果。

案例十九：薛某涉嫌挪用资金罪

办案掠影

对案件核心问题的敏感程度和论证、说服能力是刑事辩护律师专业程度的主

---

[1] 何荣功:《刑法适用方法论》，北京大学出版社2021年版，第322页。

要体现。这些能力建立在对卷宗证据材料的审查质证能力之上，建立在通过调查取证等途径全面掌握案件全貌的基础之上，更建立在对法律法规、法学理论以及常情常理常识的综合运用能力之上。仅在技术层面能够驾驭刑事辩护的基础工作还不够，还要有意识地熟悉、了解各阶段司法办案人员的思维方式，因时、因地制宜地通过书面、口头的沟通实现说服的目的。

JP 公司为房地产公司，薛某是 JP 公司的负责人。为避税，薛某同其他股东商议决定以向公司借款形式分红。后因薛某同公司另一股东之间产生股权及债权债务纠纷，该股东向公安机关控告，称薛某"挪用资金"。

一审以挪用资金罪判处薛某有期徒刑五年。笔者团队认为，本案中以借款形式分红的事实清楚、证据确实充分。二审法院采纳了我们的辩护意见，裁定发回重审。本案最终改判无罪。

📋 文书节选

一、一审判决违背证据指向、错误认定案件事实

JP 公司两股东薛某、黄某以借款形式分红，其"借款"不属于挪用资金，事实清楚、证据确实充分。主要证据有：

1. 2012 年 11 月 29 日 JP 公司《股东借款调整说明》证实：公司决定对2012 年 11 月以前股东各自以借款名义从公司取得分红的形式进行变更，将以股东借款形式分配盈利调整为以非股东借款形式分配盈利。

2. 2014 年 JP 公司 3 份《会议纪要》证实：经双方股东协商确定公司预留第三年的返租租金，剩余的现金按 6∶4 比例分配。

3. 薛某及公司副总经理刘某、财务负责人杨某、会计何某的证言对上述内容均供证一致；占公司 4 成股份的隐名股东黄某在与薛某及薛某父亲的通话记录中，对此分配方式、分配结果均予以确认。

4.《司法鉴定意见书》证实：截至2016年12月31日，JP公司账面累计净利及未分配利润科目余额均为2亿余元，"公司自成立至2016年12月31日，账面未向股东分配利润"。该意见书是对公司账面记录结果的客观反映，不能代替司法机关对具体记载是否真实、借款的具体性质究竟是分红还是挪用资金进行法律判断——这些判断必须建立在对全案证据的审查基础之上。

综合以上证据足以认定：JP公司的实际出资人薛某、黄某，甚至是JP公司的所有管理层、财务人员，对JP公司以借款形式分红的约定和事实都予以明确、无歧义的证实，证据确凿。

二、JP公司和YH公司的诉讼不能证实"JP公司两股东以借款的形式分红未达成合意"

1. 黄某与薛某存有经济利益争议。黄某因与薛某父子长期就分红数额存在争议（数年间双方就黄某多领取分红款的具体数额多次协商，见双方通话记录），其证人证言虽否认双方约定"以借为名"分红的事实，但在其同薛某父子的通话记录中，却清楚地承认双方以借款形式分红的基本事实。其证言中不仅规避欠薛某父子分红款的事实，对具体涉案借款是不是分红款的问题，也做了与其他高管、财务人员和其与薛某父子通话记录中完全相左的证言。其证言的可靠性、真实性明显存疑。

2. 黄某的行为与薛某的行为完全同质，有"共犯"嫌疑。《司法会计鉴定意见》中，薛某以自己和他人名义"借款"共计2000余万元；黄某以他人名义"借款"共计3000余万元。假若薛某罪名成立，黄某同样有罪。

3. 一审判决书载明："JP公司与YH公司的诉讼，证实JP公司两股东以借款的形式分红未达成合意……"但证据表明，公司存有大量"借款"凭据，YH公司的2000万元仅是其中一笔。双方的大量"借款"均有据可查，如果不存在以借款形式分红的约定，不仅薛某可以就黄某的全部"借款"提起诉讼，黄某也可以起诉薛某，也不仅仅是这一笔借款纠纷。事实是双方仅就YH公司一笔2000万元的借款提起诉讼——可见双方对其余"借款"是分红款的性质并无争议。

辩护要点

当前，党中央高度重视涉民营企业、民营企业家权益案件。最高人民检察院发布的规范办理涉民营企业案件的 11 个执法司法标准中要求：对民营企业生产、经营、融资等经济活动，除法律、行政法规明确禁止外，不得以违法犯罪对待。对已经批准逮捕的民营企业经营者，应当依法履行羁押必要性审查职责。对不需要继续羁押的，应当及时建议公安机关予以释放或者变更强制措施。[1]最高人民法院院长也强调：坚决防止将经济纠纷当作犯罪处理，坚决防止将民事责任变为刑事责任。[2]

本案案情相对简单明了，难以称得上是疑难、复杂案件，对薛某的定罪没有事实、证据、法律依据，薛某的合法权益应当受到政策和法律的充分保障。

案例二十：江某涉嫌故意杀人罪、贪污罪

办案掠影

辩护工作的核心在于说服二字。为了实现说服目的，辩护律师要当好承办检察官、法官的"服务员"，从卷宗证据的梳理、法律法规的适用、疑难问题的分析路径、典型案例的检索等方面做好辩护工作。

1998 年，某县检察院因事实不清、证据不足，对江某涉嫌故意杀人案不予批

---

1 《最高检明确规范办理涉民营企业案件执法司法标准》，载最高人民检察院官网，https://www.spp.gov.cn/tt/201811/t20181115_399230.shtml。

2 《最高法：坚决防止将经济纠纷当作犯罪处理》，载人民日报百家号，https://baijiahao.baidu.com/s?id=1616303202777471731&wfr=spider&for=pc。

准逮捕。24 年后的 2022 年 9 月 7 日，某县检察院又对江某以故意杀人罪和贪污罪提起公诉。某县法院作出刑事附带民事判决书，以江某犯故意杀人罪、贪污罪判处有期徒刑六年四个月，并处罚金 10 万元。

📁 **文书节选**

一、在郑某被害案中，江某没有犯罪的认识和行为

1997 年 12 月 16 日，江某因刚做完痔疮手术无法独立行走尚在康复中，柴某（1998 年因本案被以故意杀人罪判处有期徒刑十二年）执意要请客，打电话遭拒后来到江某家中背着江某去了饭店。就餐时江某发现自己与同桌就餐的其他人均不认识。其间，江某听到柴某等人向同桌就餐的被害人郑某索要欠款。

饭后，江某与柴某等人上车，与被害人等人一起被拉到了北山。在北山，柴某等人对郑某进行殴打。后柴某将江某送回家。江某回家后，柴某将郑某带到某处仓库，后郑某死亡。柴某等人将郑某尸体掩埋。1998 年 6 月，郑某尸体被发现。

1. 1998 年 6 月 24 日《不批准逮捕决定书》证实，案发当时江某曾作为犯罪嫌疑人被立案侦查，检察机关依据柴某、王某、彭某案发后第一时间的供述，认定江某涉嫌犯罪的事实不清、证据不足，作出不批捕决定。

原柴某《判决书》认定："被告人柴某用拳头捅郑某胸部，又打其脸部，还用脚踹，王某、彭某用同样的方法殴打郑某。然后将郑某送到某处仓库……"即原审生效判决查明，江某未参与殴打郑某。

2. 江某是否有故意伤害被害人的行为事实不清、证据不足。时隔 24 年，公安机关在没有新证据的情况下对江某重新立案，表明公安机关对江某有罪推定的追诉倾向。侦查机关对涉案当事人重新取证，当事人所作陈述与案发时的供述或证言相比存在对江某不利的转变迹象，证据间的矛盾没有合理解释、存在被诱导的可能。侦查机关未依法向检察机关和人民法院提供案发时及此次立案后讯问同步录音录像供核查。

例如，柴某、王某对江某是否参与殴打的供述前后矛盾、相互矛盾，不符合事理、情理。柴某先供述"江某动手没动手打我确实想不起来了""打人的有彭某、姓王的那个人、司机、我"，又供述称江某参与了殴打。而彭某在案发时和24年后的供述中始终明确证实只有"柴某在山上追着被害人郑某实施殴打"，江某和其他两人没有参与殴打。涉案司机张某某的证言中，一次称看见4人殴打郑某，数次称没看到打人过程。

3. 江某没有非法拘禁的犯罪故意，不成立转化型故意杀人罪。根据《刑法》第二百三十八条的规定，非法拘禁致人死亡，以故意杀人罪论处。本案中，江某始终只知道柴某等人在午饭时向被害人郑某追讨欠款，并不知道被害人郑某已被非法拘禁，更未参与其中。午饭后江某随车同郑某一起被带到后山，并非江某本意——江某只是与被害人同乘一车回家，对途中发生的对被害人的殴打既无法预见也无力阻止。此外，因被害人尸体高度腐败、体表已不具备检验条件，死因鉴定结论并不具有唯一性，不能作为证据使用。

总而言之，江某涉案事实不清、证据不足：第一，江某未参与非法拘禁，不构成非法拘禁犯罪。第二，江某是否参与殴打事实不清、证据间相互矛盾。第三，被害人死因不清。一审判决认定江某构成非法拘禁转化型故意杀人罪，事实不清、证据不足。

二、认定江某构成贪污罪事实不清、证据不足

2011年4月11日，某县烟草专卖管理局第一专卖管理所所长江某等人按照部署前往当地某村查扣违法烟时，将1箱香烟和10瓶酒（五粮液8瓶和茅台2瓶）留置在其办公室内冲抵"罚没任务"。后部分香烟被同事私自取用，其余香烟被江某冲抵"罚没任务"，10瓶酒被江某暂存家中。2013年4月16日，江某赔偿了所有人香烟损失，将10瓶酒退还所有人。该起事实不构成贪污犯罪，理由如下：

1. 涉案烟、酒的真伪不明。一审判决书认定的事实是"在查扣任某某等人非法香烟过程中"，即本案涉案的烟酒来源合法性及烟酒的真假存疑。烟、酒的原物已灭失，无法复验复查。

2. 涉案烟、酒的价值存疑。虽然案发时有烟草专卖对涉案香烟的抽样鉴定，

但该鉴定并不是为刑事诉讼所用，也不属于刑事诉讼的法定鉴定意见，无法接受检验、复验和质证。涉案烟、酒价值存疑。

3. 涉案烟、酒并非由江某私吞。根据江某始终一致的供述和辩解，涉案香烟放在办公室并实际用于冲抵"罚没任务"。该辩解虽然未得到其所在单位印证（单位出具"证明"予以否认），但冲抵"罚没任务"属于涉案单位的违法操作，单位系利害关系人，有趋利避害可能性，故该书证真实性存疑。从证据采信规则看，单位的辩解与江某的辩解属于"一对一"相互矛盾的证据，不能证明江某的辩解不属实。

可见，一审判决认定江某构成贪污罪事实不清、证据不足。

三、本案追诉时效问题

1. 关于贪污罪。根据《最高人民法院、最高人民检察院关于适用刑事司法解释时间效力问题的规定》第三条"适用新的司法解释对犯罪嫌疑人、被告人有利的，适用新的司法解释"，即应依据从旧兼从轻的刑法基本原则对江某涉嫌的贪污事实给予认定。

如前所述，江某依法扣押的烟酒放在办公室有冲抵"罚没任务"的可能性，属单位行为；其中一部分香烟被同事私分，涉案瓶装酒全部归还，可以证实江某不具有贪污故意；涉案烟酒已无实物，真伪不清导致价值不明、证据不足。价值不明就无法判断是否满足案发时及当前的立案追诉标准，构成贪污罪——根据从旧兼从轻原则，应以当前的立案追诉标准从认定当下江某是否构成贪污罪；但追诉时效的起算需要以案发时的立案追诉标准进行考察——在贪污罪是否成立无法确定的前提下，不能导致郑某案的追诉时效发生中断并重新计算。

2. 关于故意杀人案。因江某在郑某案中是否有犯罪行为的事实不清、证据不足，对江某而言，郑某案的"追诉时效"也无从谈起。

辩护要点

本案中，江某20余年前涉嫌故意杀人罪，案发时检察机关作出事实不清、证据不足、不予批捕的决定是正确的。

非法拘禁转化型故意杀人罪，属于法律拟制规定。在案证据均表明，各行为人不具有故意杀害被害人的意图，尸检报告也难以确切证实被害人的死因。具体到江某，江某在参与用餐前、用餐中都无法认识到被害人正被非法拘禁，不具有非法拘禁被害人的共同犯罪故意和行为。在江某与被害人同车回家过程中，被害人被殴打对江某而言是突发事件，江某对此前的非法拘禁不应负刑事责任，对非法拘禁中偶发的一般殴打也没有参与，难以认定其构成非法拘禁致人死亡的转化型故意杀人罪。

退一步讲，由于江某没有非法拘禁的认识和共同故意，不能构成非法拘禁罪及非法拘禁转化型故意杀人罪；即使江某中途参与了殴打，但殴打的手段、部位不明，被害人死因不明，殴打行为本身难以认定构成故意伤害（致死）犯罪。

至于江某10年前涉嫌的贪污罪，是个人"贪污"还是冲抵"罚没任务"的事实不清、证据不足，涉案烟、酒的真伪不明、价值不明，构成贪污罪的事实不清、证据不足。

在两罪均难以认定的情况下，非法拘禁转化型故意杀人罪或故意伤害（致死）罪的追诉时效无法计算，也无法因贪污罪中断；贪污罪的追诉时效同样无从谈起。

案例二十一：杨某涉嫌巨额财产来源不明罪

办案掠影

某市前市委书记杨某被控受贿罪、巨额财产来源不明罪。其中争议最大的巨额财产来源不明罪，涉及杨某妻子利用合法资金投资经营的F公司的利润数目问题。一审判决以该公司的纳税记录为证，认定该公司每年经营的利润仅为2万元，据此认定杨某夫妻无法说明6000余万元巨额财产的合法来源。

二审中，根据被告人提供的线索，辩护人走访了该公司的财务负责人。财务负责人称：公司年收入 2000—3000 万元，且均经其私人账户按出资比例分配给了杨某妻子等投资人。但公司真实财务账目意外被销毁，公诉机关扣押的实际是一本为了避税制作的假账。该财务负责人向辩护人提供了其使用私人账户给杨某妻子等股东转款的银行流水，证实数年间给杨某妻子转账支付了远超 6000 万元的分红款，与其上述证言内容相互印证。

在这样的新证据之下，二审法院经开庭审理后，以"辩方提供的证据未排除合理怀疑，未达到确实、充分的证明标准"为由维持原判。

📁 文书节选

根据《刑事诉讼法》第五十一条规定，公诉案件中被告人有罪的举证责任由人民检察院承担。刑事诉讼中公诉机关对指控事实、罪名负严格举证责任。在巨额财产来源不明罪中，被告人同样仅负财产来源合法的说明义务，不负财产来源合法性的严格证明责任。被告人仅有义务对财产来源的合法性作出解释和提供线索。当被告人提供了财产来源合法性的具体线索后，公诉机关应当进行调查核实，当通过调查核实犯罪嫌疑人关于财产来源合法性所作的解释或所提供的线索为虚假时，可以巨额财产来源不明罪予以追诉。若经调查核实，被告人相关财产确属来源于非法所得，应当根据查实的违法犯罪性质定性处理。可见，被告人提供了财产合法来源的具体线索后，证实或排除财产来源合法性的举证责任仍归属控方承担。

1. 有多名证人的证言印证 F 公司的利润为年均 2000—3000 万元。杨某妻子佟某是 F 公司的大股东，证人王某、杜某霞是 F 公司的财务人员。三人作为 F 公司的实际经营人员，在二审阶段的证言相互印证，明确证实 F 公司的利润可观，年均最低 2000 万余元。

2. 王某、杜某霞与杨某无利害关系，证言具有真实性。证人佟某是杨某的前妻，案发时其与杨某共同持有涉案财产，存在利害关系；但王某、杜某霞作为公司普通财务人员且早已离职，与杨某、佟某再无任何利害关系。佟某、王某、杜某霞均证实：在一审中侦查人员并没有询问公司利润的具体情况。王某、杜某霞作为无利害关系人，证言更为真实可靠。其证言内容人较一审期间所作证言更加具体，并无实质矛盾。

3. 3份证人证言有客观性书证予以佐证。二审中，辩护律师提交了王某、杜某霞在F公司任财务期间的部分银行流水账目，同三人的证言相互佐证，能够证实二人在F公司工作期间，经手处理了大量的公司利润分配工作，该部分流水额已达6000余万元。

4. 法院认定的事实明显违背常理，违背证据指向。其一，F公司经营多年，员工最多时达几十人，年利润2万元违背情理。其二，不采信证人王某、杜某霞的证言没有充足的证据、法律依据。二人所作证言有银行账目为证，且二人均系普通工薪阶层，自己不可能有如此大额的流水。

综上所述，杨某6000余万元财产的合法来源清楚，证据确实充分，不能构成巨额财产来源不明罪。法院在裁定中将巨额财产来源不明罪的举证责任和查实责任分配给被告人杨某，又在杨某及辩护人举出足以说明财产来源的证据的情况下，认定F公司的财务账目灭失、"证人曾作出过相关证言"，对辩护律师提交的客观性极强的多名证人的证言、由银行出具的大量银行流水等新证据证实的涉案资金系F公司多年经营利润收益的事实不予认定，有违事实和证据法则。

辩护要点

上诉和申诉过程中，新证据对辩护工作起着特别重要的作用。上诉状及申诉状等辩护工作文书的写作，务求言简意赅，最忌冗长，一针见血地勾勒出原生效裁判的要害问题为最好。提纲挈领的申诉状，辅之以分门别类、规范装订的证据材料，展现的是辩护律师以事实为根据、以法律为准绳的客观立场，更容易获得共鸣。

可以说，除刑事自诉案件外，由于控、辩双方举证能力的悬殊差距，刑事诉讼中的"严格证明责任"只归属于控方。因此，控方、审判方所谓"被告人及其辩护人没有举出确实、充分的证据证实其主张"的答辩意见或者裁判理由，都是有违控方严格证明责任要求的。

案例二十二：章某涉嫌侵犯商业秘密罪

办案掠影

章某与季某原为某公司员工，季某为技术负责人。后章某与季某先后离开该公司，二人共创新公司，生产与原公司相同产品，章某负责销售，季某负责生产。八年后，原公司认为章某、季某生产产品侵犯其商业秘密，向公安机关报案。主要争议问题包括：

1. 认定本案犯罪对象属于商业秘密的事实不清、证据不足；

2. 认定季某实质接触并盗用本案犯罪对象的事实不清、证据不足；

3. 认定章某与季某具有侵犯商业秘密共同犯罪认识和故意的事实不清、证据不足；

4. 认定涉案侵权金额于法无据。

文书节选

一、本案技术信息不属于商业秘密

商业秘密是严格的法律概念，我国刑法与民法中关于商业秘密的概念完全相同，根据《最高人民法院关于审理侵犯商业秘密民事案件适用法律若干问题的规定》第四条、《国家工商行政管理局关于禁止侵犯商业秘密行为的若干规定》第二条、《中央企业商业秘密保护暂行规定》第二条等规定，商业秘密是指不为公众所知悉、能为权利人带来经济利益、具有实用性并经权利人采取保密措施的技术信息和经营信息。本案中的"商业秘密"属于技术信息，还应具备"秘密性"和"不为公众所知悉"两个特征。

1. 本案中公诉机关未就被害单位被侵害的技术信息进行举证。被害单位被侵害的商业技术信息是本案的核心证据，是定罪的根本依据。一审公诉、判决的核心证据即"粤知司鉴所公〔2021〕鉴字第 33 号、52 号鉴定意见""粤知鉴所〔2021〕鉴字第 08 号、09 号鉴定意见"，均明确记载"相关技术信息的电子文档，系以光盘形式存储"。经辩护人申请，一审法院开庭前调取了相关数据并拷贝移交给辩护人，辩护人打开后发现其中的数据并非涉案技术信息，不存在目标代码与源代码。在一审庭审时，公诉人没有出示涉案技术信息，法庭也没有对相关技术信息进行举证质证，庭审后法院也未依职权调取审查。一审庭审中质证的证据及判决认定事实的定案依据仅有"一、书证；二、搜查笔录、扣押笔录、扣押清单、勘验检查工作笔录、现场照片、提交证据材料笔录；三、鉴定意见、情况说明；四、证人证言；五、被告人供述"，没有关于被害单位被侵害的技术信息相关内容。没有原始对比样本，如何能得出涉案技术秘密属于商业秘密且被非法复制、侵害且构成犯罪的结论？

2. 本案鉴定意见既不合法也不科学，不应采信。一审判决在没有鉴定对比样本证据的情况下仍然采信鉴定意见，并以鉴定意见为依据推定季某、章某构成侵犯商业秘密罪。一审庭审调查中，辩护人及辩方的专家证人针对鉴定意见存在的问题，通过向鉴定人发问的方式进行了全面、深入、细致的分析，但一审判决对庭审中控辩双方的争议焦点问题以及鉴定人出庭接受质证过程中反映出的鉴定人不具备商业秘密鉴定的专业能力、鉴定意见既不科学也不具有合法资质、鉴定依据不应采信的问题未予回应，仅选取"辩护人对鉴定意见提出相关异议不足以否定同一性及秘密性鉴定结论的成立""辩护人关于鉴定机构与本案有利害关系应对鉴定结论予以排除的意见，经查，现无其他事实和证据证明鉴定机构、鉴定人于被害单位之间具有影响鉴定客观真实性的关系"两点理由予以回应。这也是一审判决得出错误结论的根本原因：回避制度和鉴定意见客观上是否受到影响是两个问题，前者是程序公正、避免嫌疑的刚性制度要求，后者是实然的实害结果；在没有被侵害技术秘密信息作为鉴定对比样本且没有鉴定规范依据的情况下，"同一性及秘密性鉴定结论"是无法得出的。

具体而言，本案一审判决采信的鉴定意见存在以下问题：

　　第一，鉴定检材与实物不符。52 号鉴定意见拍摄的编号 -111 产品与 26 号鉴定意见（被害人委托鉴定）拍摄的编号 -111 产品，照片存在实质性差异。同一型号产品的外观结构却完全不同，也没有任何说明，这充分说明本案物证的扣押、保管、送检、鉴定过程及鉴定结论存在严重问题，鉴定对象不具备同一性，该鉴定意见不应被采信。

　　第二，鉴定人没有鉴定资质。涉案鉴定对象为专业性极强的继电器保护测试仪，但本案四份鉴定意见均由广东省某鉴定所工作人员刘某某、郑某某出具，其中刘某某从事光纤通讯、光纤遥感、微波通讯、通信和信息系统的教学和研发工作，郑某某曾是广州城市职业学院图书馆信息系统项目管理师，研究的都是图书馆信息系统，两人不具有继电器保护测试仪的专业知识背景，更无鉴定能力。

　　第三，涉案鉴定意见属于鉴定人未依法出庭作证、不得据以定案的鉴定意见。《刑事诉讼法》第一百九十二条第三款规定："经人民法院通知，鉴定人拒不出庭作证的，鉴定意见不得作为定案的根据。"郑某某作为鉴定人，在法庭要求其出庭的情况下并未出庭，其参与作出的鉴定意见依法不得作为定案根据。

　　第四，四份鉴定意见之间存在关联关系、利害关系。52 号鉴定意见与之前的 33 号鉴定意见、09 号鉴定意见与之前的 08 号鉴定意见同步委托、互相关联又同期进行，彼此之间具有利害关系，由同一鉴定机构的同一鉴定人员负责，相当于自己监督自己、左右互搏，违反了回避原则。

　　第五，鉴定材料来源不明导致鉴定意见结论的真伪不明。鉴定意见中的以下检材均无查封、扣押、搜查笔录，亦无相应扣押清单，来源不明，封存、保管、送检过程不明，依法不得作为鉴定对象，鉴定意见不得作为定案依据：（1）33 号鉴定意见检材"编号 -111/802/1600 相关软件源代码、目标代码及相关说明文档（电子文档，载体：光盘 1 张）"的来源不明；（2）52 号鉴定意见检材"继电器保护测试仪 TP60C 产品实物（产品上贴有标识 TP60C）1 台"的来源不明；（3）08 号鉴定意见检材"编号 -222 的 CPLD 软件源代码、目标代码及相关说明文档（电子文档，载体：光盘 1 张）"的来源不明；（4）09 号鉴定意见检材"编号 -222 相关软件源代码、目标代码及相关说明文档（电子文档，载体：光盘 1 张）"

的来源不明。

第六，鉴定未依据任何鉴定标准。涉案四份鉴定意见仅援引了"法律依据"，即侵犯商业秘密罪相关法律规范，但这些法律规范不是技术标准、行业标准，不能作为鉴定依据。

第七，超越委托内容进行源代码鉴定并虚构了鉴定对比样本即涉案源代码。52号鉴定意见的委托事项为"对两公司产品的不为公众所知悉的技术信息是否相同、或相似作出鉴定"，但是经过侦查机关侦查，现公司软件源代码至今都没有找到，无法作为鉴定意见中的对比样本，这也就说明鉴定意见所使用源代码信息并非委托事项中的产品信息，鉴定意见超越委托内容。

第八，检材来源不清、电脑内数据与持有人不符，鉴定材料与送检材料不一致。《人民法院办理刑事案件第一审普通程序法庭调查规程（试行）》第四十九条第一款明确规定："通过勘验、检查、搜查等方式收集的物证、书证等证据，未通过辨认、鉴定等方式确定其与案件事实的关联的，不得作为定案的根据。"（1）存储涉案技术信息的电脑并非章某、季某所有，与章某、季某的关联性事实不清。一审庭审中没有辨认程序，也没有审查相关电子数据与生产使用电子数据的同一性问题。根据季某供述，其用于生产的目标代码存储在个人所有的电脑中，证人刘某亦陈述季某将用于生产的代码存放在个人电脑中，通过个人电脑写入芯片。庭审中，章某、季某两人未能当庭辨认电脑及其存储信息是否为自己所有，公诉人也未能就扣押电脑及其存储信息的送检、提取过程进行证明，二者间的同一性事实不清。（2）鉴定材料与送检材料不一致。鉴定人系于现公司找到与原公司技术信息电子数据相同的文件，实际上文件并非来自季某个人电脑，根据鉴定意见的说明，相关电子数据的存储介质所有人是陈某、梅某等无关人员。换句话说，在季某电脑中并未检测到侵权代码。本案中扣押的到底是不是现公司生产中使用的技术信息，无法查明。

第九，从结果倒推原因，违反鉴定逻辑。不能从功能相同，倒推得出代码相同的结论。鉴定人从芯片管脚功能、运行试验项目的结果两个角度对两产品的同一性进行推断猜测。但是，芯片管脚定义功能相同，是因为双方均使用了同种芯片;而运行试验项目的结果相同,则完全是因为双方同属于继电器保护测试仪,是同种类产品。芯片管脚、运行效果上的相似性不等同于目标代码的同一性。

第十,鉴定结论不具有唯一性。本鉴定意见未就秘点是否具备同一性给出准确的鉴定意见,连相似度的具体比率也并未予以论证,但相似度也是认定商业秘密的重要指标。

3. 涉案技术信息不具有保密性。《反不正当竞争法》第九条第四款明确:"本法所称的商业秘密,是指不为公众所知悉、具有商业价值并经权利人采取相应保密措施的技术信息、经营信息等商业信息。"也就是说,技术信息构成商业秘密,要同时具备非公知性、保密性以及价值性。《最高人民法院关于审理侵犯商业秘密民事案件适用法律若干问题的规定》第六条规定对能够接触、获取商业秘密的计算机设备、电子设备、网络设备、存储设备、软件等,采取禁止或者限制使用、访问、存储、复制等措施,在正常情况下足以防止商业秘密泄露的,才具备保密性。

最高人民法院在济南某测试技术有限公司、济南某机电技术有限公司侵犯技术秘密纠纷案中提出:为实现保密目的所采取的保密措施,应能对抗不特定第三人通过反向工程获取其技术秘密。此种对抗至少可依靠两种方式实现:一是根据技术秘密本身的性质,他人即使拆解了载有技术秘密的产品,亦无法通过分析获知该技术秘密;二是采取物理上的保密措施,以对抗他人的反向工程,如采取一体化结构,拆解将破坏技术秘密等。

最高人民法院还在北京某科技有限公司、周某等侵害技术秘密纠纷案中再次强调这一裁判规则:市场流通产品属于外部载体,北京某科技有限公司为实现保密目的所采取的保密措施,应能对抗不特定第三人通过反向工程获取其技术秘密。此种对抗至少可依靠两种方式实现:一是根据技术秘密本身的性质,他人即使拆解了载有技术秘密的产品,亦无法通过分析获知该技术秘密;二是采取物理上的保密措施,以对抗他人的反向工程,如采取一体化结构,拆解将破坏技术秘密等。

因此,技术信息以市场流通产品作为载体时,其保密性必须足以抵抗一般的反向工程。本案鉴定意见中的鉴定材料附有现公司主动提交的编译器安装、程序编译、代码写入的文档。根据该演示文档，加密写入过程需要经过一些程序，才能完成加密保护措施，实现加密保护。但是在鉴定材料关于加密过程的演示中，涉案技术秘密中最为关键的加密措施部分，原公司没有勾选——这意味着原公司没有对其认为属于自己核心商业机密的技术秘密信息进行必要且简单的加密保护措施，该信息不具备商业秘密的"秘密性"，不属于商业秘密。

鉴定意见中关于"目标代码不能从产品的芯片中直接读出，原公司亦未对外公开源代码，公众不能从公开渠道获得软件源代码及目标代码，因此，该软件源代码及其编译生成的目标代码具有保密性"的论证，混淆了"公知性"和"保密性"，用非公知性论证"保密性"，但是非公知性和保密性同属于商业秘密的不同认定标准、缺一不可，仅有"非公知性"没有"保密措施"，也不能认定属于"商业秘密"。

一言以蔽之，涉案代码在原公司演示文档中都没有进行加密，即没有采取必要的保密措施，依法不应将其作为商业秘密予以保护。

二、章某、季某没有侵犯商业秘密的认识和故意

《最高人民法院关于适用〈中华人民共和国刑事诉讼法〉的解释》第八十四条明确规定"据以定案的证据应当是原件"。只有在取得原件确有困难时，才可以使用副本、复制件。而且，书证若仅能使用副本、复制件，还必须与原件核对无误，经鉴定或者以其他方式确认真实，才能作为定案证据。

本案一审采信的确定被告人是否存在保密义务的《劳动合同》《保密协议》《保密合同》均为复印件，没有出示原件或者依法核对原件的程序性证据，严重违反书证鉴真规则；对于季某、章某提出的关于书证内签名造假、原单位一方涉嫌伪造证据的严重问题，一审法院以"劳动合同、保密协议均由公安机关从原公司调取，所有书证均由原公司加盖印章并说明由原公司提供，并加盖公安机关取证印章由取证人员签字确认"为由，遂行采信未经核对的复制件作为定案依据。

这些理由显然不能作为违反书证鉴真原则要求的依据，因为这些理由都没有解决在案书证不是原件且未与原件核对无异的问题。事实上，章某、季某二人并非专业人士，不清楚鉴真规则；辩护律师拿到的卷宗材料也全都是复制件，直到开

庭时才知道卷宗里没有相关证据原件也未经核对原件。因此，章某否认其于2009年1月13日同原公司签署了《保密协议》；季某否认所有保密协议，主张均非本人签署的辩解具有极大的真实可能性。据此，约定章某保密义务的合同仅为2006年1月22日签署的《保密合同》，其中约定章某对相关技术信息仅承担一年保密义务，即2006年—2007年，而本案的案发时间为2012年。

同时，保守商业秘密是基于双方对向关系负有的义务。在保密关系中，劳动者固然负有保守商业秘密的义务，但是原用人单位也负有为劳动者提供补偿的义务。而本案中，原公司并没有向章某、季某支付履行保密义务的补偿，要求二人承担保密义务不符合权利义务对等的原则。"当权利人违反保密协议拒不支付约定在先的奖励或者补偿，此时可将权利人的违约行为视为被害人承诺，即权利人通过自身违约行为同意行为人对保密协议约定的商业秘密予以披露、使用。"

三、认定季某实质接触并盗用本案犯罪对象的事实不清、证据不足

根据《刑法》第二百一十九条的规定，违反保密义务或者违反权利人有关保守商业秘密的要求，披露、使用或者允许他人使用其所掌握的商业秘密的，是侵犯商业秘密的犯罪行为。本案中，并没有证据证实季某是否在离职前掌握了原公司的商业秘密。

1. 没有证据证实季某是否实际接触过原公司的商业秘密信息。季某曾经担任原公司技术岗位的负责人、季某有接触原公司核心技术秘密的职务便利，并不意味着季某客观上、实际上在工作过程中真正接触过原公司的核心技术秘密。没有真正接触过核心技术秘密，就不可能在工作中掌握核心技术秘密、在离职后利用在职期间掌握的核心技术秘密实施侵犯商业秘密的犯罪。对这部分事实，一般应当以岗位职责，季某实际接触、查阅核心技术秘密的电子数据作为证据支撑，不能认定季某属于因职务之需掌握原单位商业秘密的保密义务人——季某作为专业技术人员，其以专业基础和长年工作中积累的工作经验与知识技能转化的个人能力，具有独特的人格属性，在其离职后，如果仅是利用这些个人知识、经验、技能为新公司工作，通过反向提取技术获得技术参数，不能被认定为侵犯商业秘密。

因此，没有这一环节的证据，认定季某直接使用而不是反向提取技术就没有坚实的事实、证据基础。

2. 季某系通过反向工程获取相关技术信息，不构成侵犯商业秘密罪。一审判决认为："季某所作的反向工程的辩解，未提供任何证据线索，与两被告所作的'公司没有研发资金投入'的供述不一致，也不符合反向工程免于侵权认定的条件"，与案件事实明显不符。第一，因为本案涉案技术信息属于未加密录制，所以季某关于反向工程的辩解属实。对于未加密的技术信息，不仅季某能轻易将涉案技术信息读取出来，而且进行反向工程破解也轻而易举，不需要研发资金投入。换言之，因为涉案技术信息未加密，所以新公司没有研发资金投入恰能证明反向工程的辩解属实。第二，判决认为"反向工程的实施人与技术信息权利人之间应排除具有保密义务关系"，于法无据。《最高人民法院关于审理侵犯商业秘密民事案件适用法律若干问题的规定》第十四条明确："通过自行开发研制或者反向工程获得被诉侵权信息的，人民法院应当认定不属于反不正当竞争法第九条规定的侵犯商业秘密行为。"限制条件的仅为："被诉侵权人以不正当手段获取权利人的商业秘密后，又以反向工程为由主张未侵犯商业秘密的，人民法院不予支持。"即使认为季某对涉案技术信息具备保密义务，但季某对技术信息的获取并非不正当手段，季某对涉案技术信息的接触是其任职期间基于职务要求进行的，是合法接触，而且离职后反向工程取得的技术信息，也是从市场上公开购买的产品中获得，也不是不正当手段。

四、章某主观上不明知季某使用了原公司的技术信息

《刑法修正案（十一）》将《刑法》第二百一十九条第二款"明知或者应知前款所列行为，获取、使用或者披露他人的商业秘密的，以侵犯商业秘密论"改为"明知前款所列行为，获取、披露、使用或者允许他人使用该商业秘密的，以侵犯商业秘密论"，这就意味着《刑法》对商业秘密罪主观要件的修改是从严、限缩处理，不能以应当明知来推定被告人具备侵犯商业秘密罪故意。本案中，一审判决认为"章某明知季某违反保密义务，而与季某共同使用其所掌握的技术秘密生产同类型

产品"，没有证据、事实、法律依据。

1. 没有季某在原公司工作期间接触、掌握原公司技术秘密的证据。季某坚定、明确地供述技术来源于反向工程，章某没有理由怀疑，不可能具有侵犯原公司商业秘密信息的认识和故意。一审判决认定"章某明知季某系原公司生产岗位技术负责人，仍要约季某成立公司生产同类型产品，在季某从原公司离职后，使用季某掌握的技术秘密生产同类型产品，两被告人的行为均侵犯了原公司的商业秘密"是没有证据支持的认定，生产岗位技术负责人不等于商业技术秘密的掌握人。季某首先是掌握一定专业技术的专业人士，其次才是原公司生产岗位的技术负责人；章某要约季某成立公司生产同类型产品，正是看中了季某对该行业产品技术的专业能力，不能等同于看中并有使用季某掌握的原公司技术秘密的认识和意图。

2. 没有章某与季某就使用原公司商业秘密信息的共同预谋证据，也即并无共同预谋的事实。二人决定共同经营新公司，不代表季某就一定会使用原公司的技术信息。正如辩护律师在提交的专家论证意见中所阐述的，本案的技术信息随处可查、极为便捷，难以认定为不具有公知性，即使季某在原公司掌握的技术信息也未必属于公众难以公开获得的商业秘密。

3. 章某不具有辨别技术问题的专业能力。章某多次供述中均辩解其不知相关技术信息系原公司商业秘密信息。首先，章某在原公司任职时一直担任销售岗位，并不接触技术信息；其次，章某早于2006年就从原公司离职，新公司成立于2010年，2012年年中才有第一台产品，章某对相关技术信息不具有认知能力和条件，无法辨别季某是否使用了新公司的技术信息。章某供述"新公司生产的继电保护测试仪技术来源于季某自己的研发"，但具体的研发情况其并不清楚。第三，证人胡某某证明新公司与原公司的上位机软件主界面不一样。对于章某而言，其不熟悉技术信息，最多只能通过界面展示内容了解产品技术，现由于两公司产品界面存在明显不同，可以佐证章某不明知新公司使用的技术与原公司相关技术具备同一性。

根据判决书引用的季某供述，季某供认仅于2006年签过一次保密协议，2012年离职，到2013年年中生产第一台仪器，也已超出了一年保密义务期限。

一年保密期限的保密合同约定，构成二人主观犯罪故意的反证，阻却犯罪的成立。

4. 二人的分工决定了二人并没有共同故意。判决书中引用了季某的供述"我们使用某主板和软件，我告诉过章某，他是知道的"，但这一供述不仅没有得到章某的印证因而属于孤证，而且单凭这一句话也不能认定章某有侵犯商业秘密的认识和故意——季某供述中还有"我们当时商量借用原公司的产品进行抄板和反向提取软件，通过抄板和反向提取技术……"的说法。根据季某的这部分供述，应当认定章某不具有侵犯原公司技术秘密的故意，因为章某作为非技术专业人士，他只能通过季某了解新公司产品的技术来源，而季某告诉章某的同样也应当是"通过抄板和反向提取技术"，并非直接使用原单位的技术信息，不具有侵犯商业秘密的特定手段。章某既不可能也没有必要对季某关于"通过抄板和反向提取技术"说法的真伪进行调查取证。

五、一审判决认定犯罪金额的依据不足

1. 犯罪金额与涉案产品销售情况不符。一审判决认定："经鉴定，自 2012 年 2 月至 2021 年 5 月，新公司制造并销售继电保护测试仪，不含税销售收入共计人民币 39845940.95 元，扣除直接成本，毛利润共计人民币 25572206.91 元"，依据的是某会计师事务所出具的《会计鉴定意见书》，该意见书明确载明其对销售情况的统计，是按照"三相单片""三相工控""六相"三类进行。但是，一审认定的事实是"新公司仅编号 1、编号 2、编号 3 三款产品存在与原公司相关产品相同的目标代码"——"三相单片""三相工控""六相"和"编号 1""编号 2""编号 3"产品型号明显不同，不具备对应关系。

起诉书指控被告人章某、季某侵犯原公司的产品，侵犯秘点 6 个，分别是相关产品的源代码及其目标代码。本案一审判决虽然采纳了鉴定意见结论，但仅采用其中目标代码非公知性以及同一性的鉴定结论，这就意味着本案已经从起诉时的 6 个秘点缩减到了 3 个秘点，即源代码的同一性不被认定。简言之，一审判决对案件事实的认定对起诉书进行了一定的修正，但犯罪金额却未予相应扣减。

《刑事审判参考》总第 99 集第 1003 号参考案例"某公司、郭某某等侵犯商

业秘密案"裁判要旨明确指出："商业秘密的价值应当与其秘点相对应；然而，在有的产品中，秘点与整体不可分割，则要考虑受到侵害部分或者产品部件在整个产品中所起的作用或者比重及诸如在先公知技术、市场因素等其他非侵权因素来计算权利人的损失。"现本案判决侵犯原公司技术秘点骤减为 3 个，就应当在违法所得金额的计算上进行区别，但判决未能准确厘清事实。

2. 以利润代替损失于法无据。原《最高人民法院关于审理不正当竞争民事案件应用法律若干问题的解释》（现已失效）第十七条第一款规定"确定反不正当竞争法第十条规定的侵犯商业秘密行为的损害赔偿额，可以参照确定侵犯专利权的损害赔偿额的方法进行"。2015 年《最高人民法院关于审理专利纠纷案件适用法律问题的若干规定》第二十条第一款（现第十四条第一款）规定："权利人因被侵权所受到的损失可以根据专利权人的专利产品因侵权所造成销售量减少的总数乘以每件专利产品的合理利润所得之积计算。权利人销售量减少的总数难以确定的，侵权产品在市场上销售的总数乘以每件专利产品的合理利润所得之积可以视为权利人因被侵权所受到的实际损失。"1993 年《反不正当竞争法》第二十条第一款规定："经营者违反本法规定，给被侵害的经营者造成损害的，应当承担损害赔偿责任，被侵害的经营者的损失难以计算的，赔偿额为侵权人在侵权期间因侵权所获得的利润……"

可见，本案中以不含税销售收入扣除直接成本的毛利润作为侵权金额，与上述法律规定不符。更何况是否属于侵犯商业秘密的犯罪所得性质的主客观方面证据和事实都存在重大疑问。

辩护要点

本案一审判决关于商业秘密的认定，保密义务的认定，章某、季某和原公司生产的同类产品技术来源尤其是季某是否在原公司工作期间实质接触过技术秘密并直接复制，以及章某与季某主观故意的认定，都没有确实、充分的证据证实；根据真实性存在疑问的复印件书证认定双方具有保密义务关系、不具有免于侵权认定的条件证据不足；作出的鉴定意见不具有合法性、科学性。

在季某对反向研发的具体过程有较为详细的供述，足以构成"证据线索"的情况下，因年代久远无法求证就认定其不能提供反向研发的"证据线索"进而推定反向研发的辩解不成立，在民事诉讼"高度盖然性"证明标准和"谁主张谁举证"诉讼原则之下具有合理性，但并不符合刑事诉讼公诉机关对被告人有罪的事实和无罪、罪轻的事实负有同等调查核实责任的客观性义务的要求，更不符合刑事诉讼认定被告人有罪需达到案件事实清楚，证据确实、充分且"排除合理怀疑"的严格证明标准。

还应注意到，章某并非技术专业人员，作为销售负责人，季某关于新公司生产技术来源于反向研发事实的明确声明对章某认知具有决定性影响——即使季某侵犯了原公司的商业秘密，但他告诉章某的情况也是生产技术是通过反向研发获得的，章某不具有侵犯原公司商业秘密的认识和故意。

编者按：在死刑复核案件中，刑辩律师的工作直接关乎性命，最使人备感煎熬。做有罪从轻辩护还是无罪辩护，是最重要的辩护策略之一，必须因案而异。从本书收录的案件看，无罪辩护的确是主流，但完全是建立在对案件的深入分析研判的基础上的。

应当说，绝大多数刑事案件的办理是能经得住推敲和历史检验的，存在严重问题的案件属于少数。如果把眼光局限在一时一地，问题案件的数量更少。当然，从全国的范围看，问题案件的数量也就相应增加了，这就更需要刑辩律师的依法辩护，实现案件的控辩平衡，最大限度地维护当事人的合法权益。死刑复核案件也是如此。

案例二十三：李某等人涉嫌制造、贩卖毒品罪

🔍 办案掠影

毒品犯罪案件在我国刑事案件中占有相当的比重，属于常见、多发案件。同时，毒品犯罪案件也具有相当的专业性，犯意引诱、特情引诱、技术侦查、控制下交付过程的审查、对同案犯供证的审查、对物证保管链条的审查等，都是办理毒品犯罪必备的技能。

本案的委托具有一定的戏剧性。某房地产公司石总与李某是在同一看守所羁押的"同监室友"，对李某一家人的境遇非常同情。石总涉嫌行贿罪，历时三年辩护最终被无罪释放后，又请求自己的辩护律师为李某提供法律援助。此时，李某及其姐妹、姐（妹）夫、表兄弟及老乡等十余人被判犯制造、贩卖毒品罪，李某

及其表弟一审被判处死刑立即执行。人命关天，案情重大，涉案毒品 70 余千克扣押在案。

二审期间，辩护律师申请了侦查人员、鉴定人出庭，据此补充了辩护意见。但二审法院仍旧维持了一审死刑判决，案件进入死刑复核阶段。在最高人民法院复核期间，辩护律师同最高人民法院承办法官多次沟通法律意见后，终获不核准被告人李某及其表弟死刑的终审裁定，该案被发回重审。原二审法院最终改判两名主犯死刑缓期二年执行，其他涉案人也得到较原判更轻缓的量刑。

📋 文书节选

一、本案案发经过事实不清

侦查机关情况说明表明本案采取了技术侦查措施，但从卷宗材料看，庭审中和庭外都没有就具体技术侦查措施及通过技术侦查措施获得的证据进行调查核实。对于技术侦查获得的证据，可以不在庭审时公开出示、质证，但辩护律师有权在庭外查阅，并依法提出辩护意见。本案中，公诉机关及侦查机关未说明通过技术侦查掌握了哪些犯罪事实，以及是否对李某采取了犯意引诱、控制下交付等手段，本案的案件来源、案发经过事实不清。

制造、贩卖毒品罪是选择性罪名，其中制造毒品罪理论上属于贩卖毒品罪的犯罪预备行为的犯罪化，如果李某等人的"制毒行为"始终在侦查机关监控之下、不可能造成毒品的流通，虽不影响制造毒品罪犯罪既遂，但贩卖毒品的目的不可能实现，在量刑时应予重点考虑。

二、李某等人的庭前供述属于非法证据，依法应予排除

李某等人就被送至看守所前受到刑讯逼供的控诉，提供了具体的时间、地点、手段、侦查人员姓名等具体线索，该线索同时有以下证据足以证实：

1. 送看守所执行拘留超过法定时限，其间取得的供述不具有合法性。根据《刑事诉讼法》第八十五条第二款的规定，拘留后，应当立即将被拘留人送看守所羁押，

至迟不得超过 24 小时。本案中，李某等人到案后超 48 小时才被送至看守所收押。

2. 入所体检表记载李某入所时巩膜充血。

3. 多名一审被告人关于刑讯逼供的方式方法等控诉相互吻合一致，依法属于被害人陈述间的相互印证。对于李某等人遭受刑讯逼供的控诉线索及相关证据，公诉机关不能举示证据证实相关供述取得的合法性。根据《公安机关执法办案场所办案区使用管理规定》，李某到达公安机关办案区后即应拍照、体检，且办案区配置有 24 小时无死角同步录音录像。检察机关未调取、提供相关证据，不能排除李某等人遭受刑讯逼供的可能性，取得的供述及其重复自白应予排除。

三、庭前供述的同步录音录像不具有合法性，依法应予排除

本案属于可能判处死刑的重大毒品犯罪案件，依法应当对讯问过程进行同步录音录像。根据《刑事诉讼法》第一百二十三条第二款的规定，录音或者录像应当全程进行，保持完整性。公诉机关提供的李某等人庭前供述的同步录音录像或者缺失或者不完整，讯问笔录也没有记载起止时间。根据《最高人民法院关于建立健全防范刑事冤假错案工作机制的意见》第八条第二款、《人民法院办理刑事案件排除非法证据规程（试行）》第二十六条，对于应当对讯问过程录音录像的案件没有提供讯问录音录像，或者讯问录音录像存在选择性录制、剪接、删改等情形，现有证据不能排除以非法方法收集证据情形的，属于法定强制排除的对象，不能作为定案依据。

四、现场勘查、扣押、保管、送检程序违法，应予排除

1. "职业见证人"导致现场勘查、扣押笔录不能作为证据使用。根据《办理毒品犯罪案件毒品提取、扣押、称量、取样和送检程序若干问题的规定》第三十八条，行使勘验、检查、搜查、扣押等刑事诉讼职权的公安、司法机关的工作人员或者其聘用的人员不得担任刑事诉讼活动的见证人。在重审庭审中的庭审调查阶段已经查明，本案中现场勘查的见证人是两名警察，是典型的"职业见证人"。

2. 既没有当事人在场，也没有制作扣押笔录取得的物证应当予以排除。《办理毒品犯罪案件毒品提取、扣押、称量、取样和送检程序若干问题的规定》第五条规定，毒品的扣押应当在有犯罪嫌疑人在场并有见证人的情况下，由两名以上侦查人员执行。毒品的提取、扣押情况应当制作笔录，并当场开具扣押清单。而本案中的扣押，既没有被告人李某等人在场，也没有当场称量、清点、封装，没有交专门的物证保管人保管，甚至没有现场勘查决定书、扣押笔录、扣押清单、保管清单。

3. 涉案毒品的数量存疑。《办理毒品犯罪案件毒品提取、扣押、称量、取样和送检程序若干问题的规定》第九条规定，现场提取、扣押等工作完成后，一般应当由两名以上侦查人员对提取、扣押的毒品及包装物进行现场封装，并记录在笔录中。封装应当在有犯罪嫌疑人在场并有见证人的情况下进行；应当使用封装袋封装毒品并加密封口，或者使用封条贴封包装，做好标记和编号，由侦查人员、犯罪嫌疑人和见证人在封口处、贴封处或者指定位置签名并签署封装日期。犯罪嫌疑人拒绝签名的，侦查人员应当注明。确因情况紧急、现场环境复杂等客观原因无法在现场实施封装的，经公安机关办案部门负责人批准，可以及时将毒品带至公安机关办案场所或者其他适当的场所进行封装，并对毒品移动前后的状态进行拍照固定，作出书面说明。第十二条规定，毒品的称量一般应当由两名以上侦查人员在查获毒品的现场完成。不具备现场称量条件的，应当按照本规定第九条的规定对毒品及包装物封装后，带至公安机关办案场所或者其他适当的场所进行称量。第十三条规定，称量应当在犯罪嫌疑人在场并有见证人的情况下进行，并制作称量笔录。第十四条规定，称量应当使用适当精度和称量范围的衡器。

本案中的毒品提取、扣押、保管、称量没有执行上述规定。称量是在办案单位一楼大厅内而不是案发现场进行；使用普通的电子秤而不是法定标准的衡器对涉案疑似毒品进行称量；于案发两年后又由侦查人员单独对包装物进行了再次称量；没有依法提取也没有依法进行封装，无法保障其原有状态未受污染，无法排除相关毒品并非本案毒品标的等合理怀疑。根据《刑事诉讼法》《最高人民法院关于适用〈中华人民共和国刑事诉讼法〉的解释》《公安机关办理刑事案件程序规定》《最高人民法院、最高人民检察院、公安部、国家安全部、司法部关于办理刑事案件严格排除非法证据若干问题的规定》及《办理毒品犯罪案件毒品提取、扣押、称量、取样和送检程序若干问题的规定》，人民检察院、人民法院办理毒品犯罪案件，应当审查公安机关对毒品的提取、扣押、称量、取样、送检程序以及相关证据的合法性。毒品的提取、扣押、称量、取样、送检程序存在瑕疵，可能严重影响司法公正的，人民检察院、人民法院应当要求公安机关予以补正或者作出合理解释。经公安机关补正或者作出合理解释的，可以采用相关证据；不能补正或者作出合理解释的，对相关证据应当依法予以排除，不得作为批准逮捕、提起公诉或者判决的依据。本案中的毒品物证的取得及其保管过程均不符合法律规定，依法不得采信作为定案根据。

五、本案的鉴定意见不能作为定案依据

根据本案重审庭审过程中，鉴定人出庭接受质证的实际情况，辩护律师补充提出如下辩护意见。

1. 送检材料鉴真程序违法。本案中鉴定检材的来源、取得、保管、送检不符合有关法律规定，且没有相关现场勘验检查笔录、提取笔录、搜查笔录、扣押清单，无法排除对送检材料真实性的合理怀疑。经过庭审调查中对侦查人员和出庭鉴定人的发问，可以确定本案中鉴定人对其所鉴定的对象是否与送检材料具备同一性的问题，因未按照严格的程序操作而无法保证，鉴定意见所依据的检材是否受到污染，可能性不能排除。

2. 鉴定人不具备鉴定资格。法律对于鉴定人的资格从实体和程序上都确立了一些具体要求。比如，即使取得了鉴定资格的鉴定人也必须每年参加不少于40学时（每学时50分钟）的专业培训，否则不具备法定的专业资格和条件。辩护律师通过庭审中对出庭鉴定人的发问，发现鉴定人不能证明其参加了法定每年40学时的培训，公诉方也没有证据证明鉴定人已经接受了符合法定要求的培训。

3. 鉴定程序和方法错误、违法。《刑事诉讼法》和相关法律法规就毒品成分、含量的鉴定程序、检测过程、检测标准均有明确规定。在对鉴定人的当庭质询中，辩护律师针对涉案毒品成分、含量鉴定所使用的鉴定方法、依据的鉴定标准、具体检测过程等内容进行了细致的询问，但鉴定人对鉴定中使用的鉴定方法、鉴定过程、鉴定结论的得出依据等问题均语焉不详，表明其不仅不具备进行鉴定的专业知识，也没有依法按照毒品鉴定的程序规定和鉴定规范进行鉴定工作。

辩护要点

珍爱生命、远离毒品。反毒品是每个公民的义务。为毒品案件依法辩护，宗旨不仅在于依法维护当事人的合法权益，还在于推动更多毒品案件的侦办工作更加合法有效。

在毒品犯罪中，对毒品物证的取得及其保管链条的审查无疑是重中之重。本罪是选择性罪名，对制造毒品犯罪的量刑通常需要考察制毒能力以及毒品流入社会的可能性等因素。本案中，制毒工具和制毒结果客观存在，是难以撼动的案件事实；毒品物证的取得、保管、鉴定系列问题，成为案件的硬伤，或可以求得适用轻缓刑的辩护目的。

侦查、司法机关要依法办案，刑辩律师要依法辩护。律师职业道德要求刑辩律师必须在尊重事实的基础上，依法维护当事人的合法权益。刑辩律师要根据大量繁杂的法律规定审查案件中的证据，维护合法得出的事实，排除不能依法得到证明的事实，使案件真正经得起法律的检验，而不是为当事人开脱责任。

毒品案件证据规格低，因而一些涉毒案件相较其他案件的取证更为粗糙。本案看似人证、物证齐全，实则潜藏着程序、证据违法问题。虽然本案发生在 2016 年 5 月 24 日《办理毒品犯罪案件毒品提取、扣押、称量、取样和送检程序若干问题的规定》发布之前，但即使依照当时的《刑事诉讼法》《公安机关办理刑事案件程序规定》，勘查、扣押、保管、送检、称量也都有相关较为完善的规定。况且，根据《最高人民法院、最高人民检察院关于适用刑事司法解释时间效力问题的规定》，最高人民法院、最高人民检察院、公安部印发的司法解释效力应是及于本案的。本案的侦查工作多处违法，直接导致本案的物证取得无法补正，属于应予排除的证据。

对于证据、程序当中隐藏的问题，相对实体问题而言，是最容易被发现的，只要将相关法律法规、司法解释、具体规定搜罗齐备，然后一一对照即可。例如，物证的搜查、扣押、称量、保管、送检等各环节，同样有着非常严密的程序规范，任何环节断裂或出现瑕疵，除非有侦查机关合理的解释或者说明，否则都不能确定物证的同一性、真实性。在本案卷宗中的搜查笔录、辨认笔录中，见证人一栏赫然写明见证人的工作单位正是办理本案的侦查机关。实务中，确实无法找到适格见证人的，搜查、辨认过程必须同步录音录像；适格的见证人、合法的同步录音录像二者必备其一，可以互相证实合法性、真实性。二者都不具备，不具有合法性，应予排除。

此外，鉴定意见中的"鉴定过程"，应当客观、翔实、有条理地描述鉴定活动发生的过程，包括人员、时间、地点、内容、方法，鉴定材料的选取、使用，采用的技术标准、技术规范或者技术方法，检查、检验、检测所使用的仪器设备、方法和主要结果等。"分析说明"，应当详细阐明鉴定人根据有关科学理论知识，通过对鉴定材料，检查、检验、检测结果，鉴定标准，专家意见等进行鉴别、判断、综合分析、逻辑推理，得出鉴定意见的过程。要求具有良好的科学性、逻辑性。

第八章

申请再审

　　编者按：除非对生效判决认定的事实、适用的法律持有无法容忍的异议，否则大多数刑辩律师都不会支持当事人及其家属走上申诉之路。一则申诉成功率极低、工作难度和对当事人正常生活的影响极大，二则也不利于当事人减刑、家属重归平静生活。从避免新的申诉案件大量出现的角度讲，着眼当下，办好手中的每一个案件，在个案中实现公平正义，使各方当事人服判息诉，不仅是司法机关的期待，也是刑辩律师孜孜以求的目标。

案例二十四：苏某涉嫌故意杀人罪

🔍 办案掠影

　　苏某，大学文化程度，案发时在某公司任项目经理。2001年5月，26岁的苏某与被害人李某在网上结识，确立恋爱关系，此后偶尔在李某租住处同居。2001年8月30日，李某被发现死于其租住处。

　　原生效判决认定："2001年8月25日0时许，被告人苏某在被害人李某（女，殁年29岁）的住处，采取掐颈部等手段，致其死亡，后苏某将房门从外面锁上，逃离现场。2001年8月31日被查获归案。"

　　翻阅20年前的卷宗，证据间矛盾重重，没有直接证据或间接证据将被害人的死亡指向苏某。按照苏某唯一一次有罪供述中描述的经过，本案可以归纳为"热恋期间，闹着玩失手掐死女友"。这明显是违背常情常理常识的。起诉书、判决书认定的事实中也没有明确具体的作案动机或起因。另外，本案不仅有苏某不在现场的证人证言，还有不在现场的客观性证据——电脑中的工作材料；证人证言不仅有苏某的父母，还有苏某的邻居。亲亲相隐的确是人之常情，如果说苏某父母所作的关于案发时苏某不在现场的证言，被审判机关以"有利害关系"为由不予采信情有可原；那么邻居大爷所作的证人证言则应当引起重视。但原审法院却以"与认定的案件事实有矛盾"为由未采信邻居大爷的证言。至于关键证据——苏某案发时在家中制作工作文案使用的电脑——案发后被扣押直至终审判决被发还，当中的文件资料等电子数据也未被采信。

苏某 28 岁时因本案失去自由，由于不认罪、坚持申诉，服刑至今未获减刑。但经过多年申诉，本案现已再审立案。

📁 文书节选

一、原生效判决认定事实不清、证据不足

1. 现场勘查中的疑点。《现场勘查笔录》中记载，被害人尸体被发现时，双腿呈现弯曲状。但苏某唯一一份有罪供述中则供称"李某仰面躺在地上"，二者相矛盾。

2. 不排他的鉴定意见。《鉴定意见》中的论证结论是："（1）不排除被他人扼或勒颈致机械性窒息死亡。（2）尸体已高度腐败，故确切死因及死亡方式已失去条件。"对于尸体双腿弯曲的原因，鉴定意见中没有论证和表述，法医给出《工作说明》称"原因无法确定"，同时也无法确定其颈部是否有扼或勒的痕迹，只是不排除被他人扼或勒颈造成死亡。这种不具有排他性的鉴定意见不能作为证据证实案件事实。

3. "失手掐死"的供述违反常识。苏某的有罪供述中称，当时是想跟被害人发生性关系，两人打闹时失手掐死了被害人："因为我原定 9 月出差去青海要一个月不能陪她了，我就想在走之前哄哄她，让她高兴点，每次她这样不理我时，我都是这么逗她，让她在床上和我闹够了，她就不生气了，我不停地捅捅她，摸摸她，一会儿就翻身骑在她身上，她想推我下去，我就是不下去，用双膝压着她的双手，她还在乱动，想推我下去，我就用双手压住她的颈部，不让她动，她一两分钟后

老实了不动了，我就从她身上下来躺下来，顺势用脚一蹬她，把她从床上蹬到地上，因为地上有塑料垫子，我和她也多次把对方从床上蹬或者挤下去，所以我也不担心她会摔着，过了十几分钟，看她没从地上起来，就想哄哄她上来，看她仰面躺着一动不动，我才意识到不好了……"

正常人在被扼或勒颈部时，持续时间在2—3分钟才能致死，5分钟左右人体因窒息大脑缺氧引发脑死亡，致机械性窒息死亡。其间被害人的面部、身体会呈现出明显的阶段性反应：窒息——反抗——失去反抗能力——死亡；不仅需要施以一定力度，还需要该力度持续一定时间。除非有致被害人于死地的决意，在热恋求欢中"失手"掐死对方的可能性几乎为零。

假使依据苏某的供述，本案也属于应当预见而没有预见的过失致人死亡，或者故意伤害致死，而不应当是已经预见死亡结果而积极追求或放任结果发生心态下的故意杀人罪。

4. 动机中的矛盾。与苏某同监室羁押的李某出具证言证实"苏某称是因为其见到被害人与另一个男人一起从单位走出来，当晚因此与被害人起了争执，掐死了被害人"。但其证实内容不仅没有经过调查核实，也与苏某供述内容相矛盾。

二、苏某有案发时不在现场的直接证据

1. 苏某的父母证实苏某不在案发现场。苏某父母证实：案发当晚苏某一直在家中其房间里的电脑前待到半夜。

2. 邻居李某安证实苏某案发时不在现场。李某安明确证实："2001年9月初，有时间没见到苏某了，碰上他父亲，问起，说他出事了。我后回忆，8月23日下大雨和冰雹，是少见的，24日是中央一台演《某诚》最后一集，所以我可以确定。那晚我在店里看完最后一集，约9时许关店步行回家，10多分钟后到我们大院门口，我看到一个高个子男子的背影，开始也没敢认，后来见他进了我们的楼栋，便可以确认是苏某了（苏某身高186厘米），但没和他说话。"

一审、二审判决中，对苏某父母的证言以"有利害关系"为由未予采纳；对没有利害关系的邻居李某安的证言又以"缺乏其他证据佐证、自相矛盾"为由未予采信。但是，卷宗中李某安的证言对见到苏某的时间特征、具体的情景特征描述得非常准确，且符合情理，客观性、真实性极强。此外，苏某父母的证言恰能与李某安的证言及苏某自己的当庭辩解相互印证。

3. 苏某在不在案发现场的事实完全可以通过电子技术鉴定来查实。苏某在侦、控、审期间多次提出调取其出入公司写字楼的监控录像、乘坐地铁回家的录像、在家使用电脑的电脑日志，在家使用手机及发短信的定位等，用以证明案发时自己在家中，没有去过被害人住处即案发现场，但均未得到答复。

另外，侦查人员仅通过电话查询，被告知苏某使用的拨号网络服务器于案发前已被撤销、停止服务，就以此证实苏某案发当天不可能用此拨号网络上网。但苏某辩解其使用电脑是制作单位需要的工作文件，并未使用上网功能。侦查人员的工作说明并不具有证明力。

至于苏某辩称其案发当日在家中使用的电脑，在案发后被扣押、终审判决后发还，但侦查人员始终没有对电脑中是否存有苏某案发当日制作的工作文件进行检查、鉴定，也未出具工作说明。

三、案件中的其他疑点

1. 被害人的情人于某。被害人的同事证实，被害人离开单位前接了一个长电话，表情有异。但这个电话并不是苏某打的，被害人与谁通话，为何表情有异，是否与被害有关，均未查清。案发后查明，被害人同于某曾有婚外两性关系，案发的房间也是于某给被害人租的。

2. 被害人的手机和钱包是否丢失、是否查获事实不清。苏某的有罪供述中，供称其掐死被害人后拿走了被害人的手机和钱包，后扔到湖里。但是既没有查明被害人处是否缺少了手机和钱包，也没有被告人指认丢弃物证的指认现场、现场勘查照片，也未打捞出涉案的手机和钱包。

3. 苏某第一时间的供述辩解缺失，其仅有的两份有罪供述真实性存疑。判决书中所称"上诉人苏某在预审期间多次供述及亲笔供词"并不存在。全部卷宗中，只有一份案发后第 11 天、苏某到案后第 5 天（2001 年 9 月 4 日）的有罪供述和次日的一份自书供述。此后苏某再无有罪供述，并放弃减刑申诉至今。苏某辩称，有罪供述是在侦查人员疲劳审讯和威胁之下作出的。

4.《驳回申诉通知书》存在违背情理、法理之处。一是被害人门把手上苏某的指纹对案件事实不具有证明力。因苏某与被害人具有恋人和同居的特殊关系，没有指纹等痕迹才属不正常。二是苏某辩解中对案发当日具体作息情况的描述存在细微差别属正常范畴。苏某如果是凶手，为了逃避打击，在反侦查、狡辩的情况下，在案发多日到案后自然会对其具体行踪作出详细说明甚至举证，这是反侦查的一般表现；若其确属无辜，到案后不能准确回忆起十天前一个普通夜晚自己的准确作息时间，完全符合正常人的记忆规律，实属正常且合理。三是认定"辩解无证据支持"违背证据采信规则。苏某案发时在自己家中的辩解不仅有案发时在家使用电脑制作工作文件的客观证据可供核查，也与苏某父母、邻居的证言相吻合，还可以通过调取手机通话、短信定位信息佐证。如果说苏某父母护子心切、亲亲相隐，那么不采信邻居李某安的证言则违背证据采信规则。

本案中，没有任何确实的证据证实苏某案发时在现场、实施了杀害被害人的行为，相反李某安关于苏某案发时不在现场的证言客观性、真实性极强，其与苏某一家不具有利害关系，是本案关键的无罪证据。在事实真伪难辨的前提下，苏某故意杀人事实不清、证据不足。

🗨 辩护要点

本案原生效判决书对事实的认定当中，没有关于事发起因的内容，死刑案件执行最严格的证明标准，要求达到"事实清楚、证据确实充分、排除合理怀疑"的证明标准。本案中，一方面，有大量苏某不在案发现场的无罪证据，证据间能相互印证，已经形成了证据链条，不存在不能解释的矛盾。还有案发当晚使用电脑工作的证据没有被收集。另一方面，有罪供述的合法性没有得到考察，真实性也没有通过收集固定客观证据进行验证，相反，涉案起因不清、动机不清，有罪供述与尸检报告、现场勘查情况、医学常识、恋人之间相处的情理相悖，真实性存疑。

案例二十五：邢某等人涉嫌职务侵占罪

办案掠影

邢某本是一名成功的商人，也深受村民拥戴，被村民推举为村主任。任职期间，邢某与会计、出纳等四名村干部决定设立并共同管理小金库，用于解决不方便出入账的支出和收入。

案发后，司法机关以小金库内不能得到证据核实的支出数额为犯罪数额，认定相关资金被邢某等人私吞。根据邢某自己的辩解，其自有资金与村财务资金存在一定程度的混同。很多时候是邢某先以自有资金随意代村委会支出了一些开支，再从村委会财务支取或者根据小金库管理规定支取。而且小金库的设立是四名村干部的共同决定，小金库也是由四名村干部共同管理，不可能存在私吞小金库资金的问题。

本案原审判决书还存在采取双重标准认定罪责、证据间相互矛盾、指控逻辑混乱、强迫被告人自证其罪等问题。经数年申诉，本案当前已启动再审。

文书节选

一、认定涉案款项由邢某非法据为己有没有证据依据

本案中，既没有邢某主观上将小金库资金据为己有的证据，也没有四被告人共谋将小金库资金据为己有的证据，没有四被告人将小金库资金用于个人事务支出的证据。

1.《调查笔录》可证实"该村曾开过两次会议，决定每吨煤提成 30 元作为村集体活动经费"的事实。可见，设立小金库是村集体的决议。又根据邢某等四被告人的供述，小金库由四被告人共同保管，设有账目。被立案调查时账目被销毁，但小金库的入账、出账系用于村务的基本事实得到四被告人的共同确认。

2. 根据《补充侦查报告书》，邢某辩解与周某证言相互印证，邢某给周某的290万元系"邢某代替村委会付款"的事实能够得到证明，不构成职务侵占罪。

3. 原生效判决以"联系不到设计单位、设计人员，无法查实"等理由认定职务侵占犯罪事实，属事实不清、证据不足、未排除邢某辩解真实可能性的有罪推定。

二、原两审判决认定事实双重标准、逻辑混乱

设立小金库事实成立，不等于职务侵占的事实成立。四人共同管理小金库，小金库的资金使用仍然走审批流程，表明村委会对小金库的资金并未失去控制。如果认为小金库的设立直接等同于职务侵占犯罪的成立，原审判决就不需审查资金是否用于村务开支；如果认为小金库的设立不能直接等同于职务侵占犯罪的成立，则需要公诉机关进一步提供证据证实"非法占有目的"的客观行为表现，包括主观上据为己有的意思表示或者共谋，或者客观上将小金库资金用于个人事务支出。

而本案中，原一审、二审判决一方面要求侦查机关就被告人的相关辩解进行调查核实，将有证据证实被告人辩解为真的数额予以扣除，表明其认为设立小金库事实不等于职务侵占的事实；另一方面又仅以被告人一方无法提供相关证据、未入账为由，认定无证据证实的涉案资金数额为职务侵占的数额，自相矛盾、双重标准、逻辑混乱。

三、原两审判决违反控方承担举证责任的刑事诉讼基本原则

刑事诉讼中，证实被告人有罪、指控的事实成立的举证责任由控方承担，禁止强迫被告人自证有罪或无罪。

一审法院于2012年5月8日、6月6日两次向检察院发出《补充侦查建议书》，要求公诉机关就辩护人提出的被告人将小金库资金用于村务支出的具体线索进行调查核实。可见，公诉机关对被告人提供的具体线索具有查证属实或查证不属实的证明义务，如果公诉机关不能提供证据证实被告人提供的具体线索所针对的小金库资金用于村务支出的事实为虚假，就应当根据存疑有利于被告人的原则，认定被告人的辩解具有可能性，对相关数额予以减除。

在公诉机关没有提供任何证据证实邢某将小金库资金用于个人支出，也不能证明相关资金用于村务支出的情况下，将举证责任强加给被告人，以被告人及辩方"无法证明"或仅以"未入账"为由认定被告人有罪，其实质逻辑无异于"因为被告人不能自证无罪所以构成犯罪"。终审判决也只将查有实据的两辆车的价款扣除，而对侦查机关无法查证的数额直接认定为职务侵占犯罪数额。但是，侦查机关无法查实的原因是相关证人无法查找，证人是客观存在而不是虚构的。根据存疑有利被告人的原则，查证不力的利益应归属于被告人。

此外，设立小金库、存在两本账，是本案的案发起因。2006年账目被封存后，两本账的常规记载工作都陷入停滞状态，这一事实在法院的《补充调查函》中有清楚的表述。但在一审及终审判决中，仍然多处以"未入账"为由推定存在非法占有，忽略了未入账的原因、资金的真实用途等关键事实。

四、认定邢某、张某平、刘某顺、刘某定构成共同犯罪无事实、证据依据

职务侵占罪的共同犯罪，是利用共同犯罪人一人或几人的职务便利，侵吞、窃取或骗取本单位财物的行为。非法占有目的，是指排除本单位对财物的占有、使用、收益、处分的全部权能，转归自己或其他非原单位占有、使用、支配、收益、处分的目的。本案中，四名被告人仅有相互配合设立并共同管理小金库的共同职务行为，没有将小金库资金占为己有的犯罪行为，也没有能够证实四被告人具有将小金库资金占为己有的目的或行为的任何证据。

四被告人仅是一般同事关系，相互之间在各负其责的同时，还有上下级领导与被领导的关系。小金库资金在使用程序上仍然按照正常资金的使用方式走审批程序，经会计和出纳记账和支取，事实上仍处于四被告人的互相监督之下。小金库资金的去向、用途，虽然不在村集体账目中记录，但仍然有账可查，需经邢某审批、出纳支款。邢某及其他三名被告人在事前没有共同侵占的预谋、事中没有合意、事后也没有从中获取利益。

五、原审法院存在违反程序的情形

原一审法院通知了证人周某出庭作证，周某却于开庭当日在法院门口被公安机关带走留置调查，致使周某未能当庭作证，法院也未对邢某给周某的 290 万元系村委会所欠工程款的事实进行调查核实。原二审法院在辩护人提交了大量新证据的情况下，仍决定不开庭、书面审理本案，且未依法提审上诉人邢某。

辩护要点

对共同犯罪案件，只注重阅读卷宗中与所辩护被告人直接相关的材料，忽略对其他共犯的案件事实的审查，在论证时常常会因对事实了解的局限而言不及义。多数情况下，不论是主犯还是从犯，共同犯罪中每个被告人的相关证据、事实都可能对自己当事人的定罪量刑产生影响。本案中，四名被告人作为小金库的管理人员，都供述小金库处于四人共同管理之下，收入和支出均要履行记账程序，只是账目被销毁了。这一事实实际上直接否认了涉案资金被个人侵吞的可能性。

申诉案件中，在阅卷、会见被告人之后，新证据的搜集非常关键。一些辩护律师不愿意或者不敢调查取证，认为调查取证的风险很大。事实上，辩护律师更要有证据意识。在调查取证工作中，一是要注意语言规范，二是要注重保留同步录音录像以自证无罪。此外，还可以将证据材料作为证据线索提交给法官，申请司法机关对证据线索进行调查核实。当然，如果能获得准许，还可以申请关键证人出庭作证。

本案的申诉过程中，除了书面申诉意见，辩护律师就争议事实补充了大量的新证据，数次前往案发地向涉案各方面人员调查取证，制作证据清单作为申诉附件呈交申诉受理机关。此外，辩护律师还商请关键证人周某自行与承办法官联系，直接向法官提交自书证言并向法官表明愿意接受司法机关调查核实的态度。这些努力，都为本案的再审筑牢了基石。

案例二十六：陈某涉嫌故意杀人罪

办案掠影

陈某与妻子李某离婚诉讼期间分居，李某暂住于其妹妹家中。陈某前往李某妹妹家给刘某送其私人物品期间，要求就离婚纠纷进行协商。李某要求陈某到户外协商，陈某则要求在屋里谈，双方发生争执。李某去厨房拿刀威胁，陈某见状拿起手机进行录音，以为李某不会真砍，不料李某直接挥刀砍在陈某额头正中（已构成轻伤二级）。陈某反手打了李某一巴掌，但李某继续挥刀向陈某砍来，陈某遂夺刀反击，致李某死亡。最终，法院判决陈某犯故意杀人罪，判处死刑，缓刑二年执行。

生效判决认为，陈某在被害人李某要求其退出居所时拒不退出，使用手机录音，是双方矛盾激化的直接原因，因此其夺刀反杀其妻的行为不构成正当防卫；虽然陈某案发后第一时间拨打了 110 和 120 电话报警并叫急救车，但其关于正当防卫意图的供述是虚假供述，不能认定为如实供述犯罪事实。

辩护律师认为，陈某与李某在离婚诉讼期间，要求就离婚纠纷进行商谈合情合理合法；显露在外的使用手机录音，是理性、依法取证的正常、合法手段；在居所内商谈避免"家丑外扬"也是人之常情；李某持刀挥砍陈某要害部位才是离婚纠纷升级的直接原因，陈某回击其妻一巴掌也是阻止对方行凶伤人的正常反应，李某继续持刀挥砍，导致陈某的生命和人身安全遭受重大威胁，陈某夺刀砍杀具有正当防卫的认识因素和意志因素。另外，陈某对主观目的、行为性质的辩解也不应影响如实供述的认定。

📁 文书节选

第一部分　陈某依法构成正当防卫

一审判决、二审裁定不支持陈某及其辩护人提出的"被害人先持刀伤害陈某，陈某的行为属于正当防卫"的上诉理由及辩护意见，属认定事实及适用法律错误。

一、起因于婚姻家庭矛盾与正当防卫的认定没有关系

根据《刑法》第二十条的明确规定，为了使本人的人身权利免受正在进行的不法侵害而采取的制止不法侵害的行为都是防卫行为；明显超过必要限度造成重大损害的，构成防卫过当。

而本案二审裁定认为"本案系因婚姻家庭矛盾而起"，以此作为陈某不构成正当防卫的理由。但是，婚姻家庭矛盾引发的故意伤害、故意杀人案件并不少见，在婚姻家庭矛盾引发的严重人身甚至生命损害的案件中，尤其不能剥夺被侵害人正当防卫的权利。最高人民检察院 2018 年 12 月 18 日发布的、认定构成防卫过当的第 46 号检察指导案例"朱某山故意伤害（防卫过当）案"，就是发生在婚姻家庭矛盾之中，朱某山之女朱某与被害人齐某就是夫妻关系。指导意见指出："当事人的行为具有防卫性质的，应当依法作出认定，不能惟结果论，也不能因矛盾暂时没有化解等因素而不去认定或不敢认定。"

二、陈某没有在先实施不法行为，对于矛盾激化也没有过错

二审裁定认定陈某不构成正当防卫的理由还包括"陈某的不法行为激化了矛盾""陈某非请自入，强行进入被害人李某居所，其不法行为在先，是导致被害人李某拿刀驱赶陈某的原因"，这一认定显然脱离了双方关系的特定背景，也与事实性质不符。

第一，根据陈某供述，陈某进入被害人李某居所是应被害人李某要求给被害人李某送身份证与银行卡，这显然不是不法行为。

第二，陈某并非"非请自入，强行进入被害人李某居所"。陈某录音文件显示，

陈某进入被害人李某居所后，被害人李某提出要到外面去谈离婚事宜，陈某坚持要在屋内谈。而在这整个过程，被害人李某根本没有说过不让陈某进入其居所的话，只是说换个地方谈事情。对双方的离婚问题，陈某并没有异议，没有纠缠骚扰被害人李某的意图和必要。陈某坚持在屋内谈，是出于私人问题私下解决、避免在公共场所引发不必要的争端的考虑。

第三，即使陈某不离开被害人李某居所，也不是被害人李某拿刀砍陈某的理由。根据《刑事审判参考》总第 124 集第 1368 号参考案例"余某某故意伤害案"的解释，法律上的被害人过错，是指被害人出于主观上的过错实施了错误或不当的行为，且该行为违背了法律或者社会公序良俗、伦理规范等，侵犯了被告人的合法权益或其他正当利益，客观上激发了犯罪行为的发生。本案中，陈某与被害人李某处于离婚纠纷期间，是被害人李某在陈某送身份证件时提出要谈离婚问题，双方就协商的地点产生了争执，是正常生活纠纷，双方都没有明显的过错可言，陈某既没有言语攻击，也没有身体上的攻击行为，只是堵在大门口，同时言语劝说。被害人李某若要陈某离开，只需要另行约定时间商谈离婚事宜即可。"拿刀驱赶陈某"的行为，与陈某要求商谈离婚事宜之间没有任何因果关系。

三、被害人李某劈砍要害部位致陈某轻伤二级属于正在进行的严重不法侵害

二审裁定认为，"被害人李某持刀的目的不是伤害或者杀害陈某，而是迫使陈某离开其妹妹家以及保障自己的人身自由，只要陈某选择离开，被害人李某便不会持刀对其造成伤害。换言之，本案并不存在不可避免的现实不法侵害，亦即不存在所谓正当防卫的前提条件"。

第一，被害人李某持刀劈向陈某要害部位——额头——直接威胁了陈某生命安全。《法医学人体损伤程度鉴定书》鉴定证实，被害人李某这一刀正中陈某额正中部，致 5.5cm 纵行裂创，受损伤达到了轻伤二级。而双方离婚纠纷中并没有发生肢体冲突，一般的离婚纠纷也并不必然发生肢体冲突，陈某也有权利要求与被害人李某协商离婚事宜，离婚纠纷无论如何不应是被害人李某的刀砍行为的合法

理由，离婚纠纷中一方对另一方的生命健康的侵害也是不法侵害，被侵害一方当然有正当防卫的权利。

第二，被害人李某持刀劈向陈某额头后并没有中止砍杀行为，陈某的正当防卫正当其时。陈某被讯问时供述，在被害人李某砍陈某额头后，陈某只是反击了被害人李某一巴掌，但并没有制止被害人李某的砍杀，被害人李某咬牙挥刀继续砍杀陈某，陈某在迫不得已的情况下才夺刀回击。

第三，陈某的行为没有超过必要限度。《最高人民法院、最高人民检察院、公安部关于依法适用正当防卫制度的指导意见》（以下简称《正当防卫指导意见》）明确，只有不法侵害系因行为人的重大过错引发，行为人在可以使用其他手段避免侵害的情况下实施的防御行为才不属于防卫行为。陈某有600度的高度近视，案发时被砍掉了眼镜，又由于被砍杀额头部位，血流了满脸，已无法看清眼前情况。为了避免自己被继续砍伤，陈某夺刀回击时无法确定被害人被砍伤的部位和被害人的状态，致被害人死亡是当时的陈某不能控制和预见的结果。

四、提前录音取证恰说明不具有挑拨意图

二审裁定论述不构成防卫过当的第四点理由是"陈某于案发前有准备地打开手机录音器进行录音取证，不断用言语激怒对方""促使被害人李某持刀警告无果后伤人""陈某的言行明显具有挑拨性质"，这一理由，逻辑前后矛盾，也无证据、事实、法律依据。

第一，认定陈某"不断用言语激怒对方"与事实不符。陈某手机录音证实陈某说的仅仅是"你不要打人好不好？""我们谈清楚了我就走""我现在都给你了，我们谈完好不好""你不要动刀子""我们先谈完"这类话，没有任何有挑衅意味的言词，完全是商量的正常语气；当被害人李某拿出菜刀后，陈某说"你还真敢杀人不成？""你杀着试试，你杀着试试？""你拿个刀子举着干什么？""你再动一下？"等话语，也符合一般正常人不会轻易持刀砍人的正常认知之下的常规言语，而不是用于激怒被害人李某。从被害人李某砍杀陈某的部位和力度看，被害人李某砍杀陈某绝不是"比划比划"，而是达到了故意伤害的程度。二审裁定的相关认

定违背证据指向、常情常理。

第二，陈某不可能预见到被害人李某会持刀砍人，主观上没有防卫挑拨的意图。二审裁定认为陈某蓄意激怒被害人李某，有挑拨性质，同时认为陈某录音并挑拨的目的是在"离婚官司中对我有利"。"离婚官司中对我有利"，是正当的目的和正当的收集证据的行为，正当的行为不应当被认定是防卫挑拨的行为。同时，也没有证据证实陈某与被害人李某在以往的婚姻生活或离婚纠纷中有肢体冲突的先例，认定陈某蓄意防卫挑拨没有事实基础。

五、陈某不构成防卫过当

1. 陈某的行为系针对被害人李某的不法伤害行为实施

如前所述，根据《刑法》第二十条，为了使本人的人身权利免受正在进行的不法侵害，而采取的制止不法侵害的行为属于防卫行为。被害人李某故意伤害陈某致陈某轻伤二级损伤，是正在进行的不法侵害，被不法侵害人有权进行防卫。

2. 陈某反击时，不法伤害正在发生

《正当防卫指导意见》明确，对于不法侵害虽然暂时中断或者被暂时制止，但不法侵害人仍有继续实施侵害的现实可能性的，应当认定为不法侵害仍在进行，被害人李某的不法侵害，在陈某反击时仍然存在。

3. 陈某的目的是保全自身，存在明显的防卫意图

第一，陈某供述稳定一致，始终供述是在被害人李某攻击自己导致其额头受轻伤二级损伤后，并且被害人李某极有可能为报复自己而继续扩大伤害，为了保全自身生命健康，才进行反击，主观上出于防卫目的。

第二，即使认为防卫行为造成的损害超过必要限度且造成重大损害，也属防卫过当性质。"陈某夺过菜刀之后立即对被害人李某头面部连续用力砍击二十余刀，导致被害人李某因严重颅脑损伤而当场死亡"，陈某砍击二十余刀的原因是陈某被砍杀额头后，眼镜失落、血流满脸，无法看清现场情况，无法判断被害人李某是否有其他继续侵害甚至更严重的杀害伤害行为。在这种情况下，不能强人所难要求陈某的反击准确控制部位、力度、后果。相比最高人民法院第93号指导案

例，即著名的"于某故意伤害案"中，认定于某对不法侵害人实施防卫行为，最终一人死亡、两人重伤、一人轻伤的结果，属明显超过必要限度且造成了重大损害，本案中的侵害更加严重、迫切，陈某的判断力由于视力问题也大为下降，这些都是砍杀二十余刀、致被害人死亡的特殊的、陈某无法控制的原因。

《刑法》第二十条第二款明确，正当防卫明显超过必要限度造成重大损害的，应当负刑事责任，但是应当减轻或者免除处罚。陈某的行为造成了被害人李某的死亡，即使超过必要限度造成重大损害，但考虑到系因陈某为保全自身而作的无奈之举，应当从宽处理，予以减轻处罚。

第二部分　原判对部分从宽处罚情节未予认定

二审法院认为陈某"没有如实供述犯罪事实，依法不构成自首"，法律适用存在错误。

一、供述主要犯罪事实即成立自首

《最高人民法院关于处理自首和立功具体应用法律若干问题的解释》第一条明确，如实供述自己的罪行，是指犯罪嫌疑人自动投案后，如实交代自己的主要犯罪事实。陈某如实供述了全部事实经过。

陈某对行为性质的辩解不影响自首的认定。法院是在陈某主动投案自首并提交相关证据的基础上，推断认定陈某主观上有杀人故意且不属于正当防卫性质。其裁判逻辑是将陈某对自己行为性质的辩解认定为没有如实供述故意杀人的主观目的，属于对主要犯罪事实的不如实供述，因而不能认定具有自首情节。

事实上，陈某对案件起因、经过，自己的行为均做了如实、客观的供述，与裁判认定的事实起因、经过、结果并没有出入，只是对关于反击被害人的心理原因的辩解未予认可，但故意杀人的客观行为是存在的，而正当防卫是排除犯罪成立的特殊事由。换言之，故意杀人的故意与正当防卫的目的并不矛盾，本案正是为了实现正当防卫实施了故意杀人的防卫行为，二者是可以并行不悖的心理态度。因此，一、二审裁判因陈某关于正当防卫的辩解，认定其未如实供述案件事实是

不合理的。

《刑事审判参考》总第48集第381号参考案例"董某某、李某某等盗窃、收购赃物案"就已经明确，如实供述客观事实，而在主观心态上辩解不影响自首成立："如实供述的核心内容在'客观事实'而非'主观心理'。故合法辩解和不如实供述的区别就在于，不承认或推翻有罪供述的内容是主观认识还是客观事实。如果行为人不否认或基本不否认犯罪行为的客观事实方面，能如实交代行为的客观方面，而仅否认主观内容方面，不论是否认其主观犯罪故意，还是否认其客观行为的犯罪性质，均属于辩解，不影响自首的成立。"

二、二审法院未依法认定本案中的被害人家属谅解情节

二审中提交了陈某某对陈某的谅解书，但二审裁定认为"不应据此对陈某从轻处罚，前述上诉理由不能成立"。

第一，被害人李某之子陈某某有谅解的能力。二审认为"本案的案件性质、严重的犯罪后果及被害人李某去世后对陈某某今后生活的影响等，已超出只有十四周岁的陈某某的认知范畴"，明显不当。被害人李某之子陈某某已满十四周岁，虽然是限制民事行为能力人，但已具备刑事责任能力，对重大刑事案件有认识和理解能力。其明确表示谅解陈某，就已经表达了谅解的意思，二审关于"超出认识范畴"的认定，没有事实、证据、法律依据，违背了陈某某的明确意思表示，剥夺了陈某某作为儿子谅解父亲陈某的权利。

第二，陈某某的谅解属于被害人家属意见，应当据此依法对陈某从宽处理。《最高人民法院关于贯彻宽严相济刑事政策的若干意见》明确："因婚姻家庭等民间纠纷激化引发的犯罪，被害人及其家属对被告人表示谅解的，应当作为酌定量刑情节予以考虑。"《最高人民法院、最高人民检察院关于常见犯罪的量刑指导意见（试行）》明确，对于积极赔偿被害人经济损失并取得谅解的，综合考虑犯罪性质、赔偿数额、赔偿能力以及认罪、悔罪程度等情况，可以减少基准刑的40%以下；尽管没有赔偿，但取得谅解的，可以减少基准刑的20%以下。

因此，尽管陈某没有取得被害人父母的谅解，但是对于陈某某的谅解，也应

当依法认定，并按照法律规定从轻处罚。

🗨 辩护要点

2018 年 12 月 19 日，武汉市中级人民法院判决了著名的"摸狗案"，依法认定上诉人杨某伟构成防卫过当、杨某平构成正当防卫，分别作出判处有期徒刑四年和宣告无罪的判决，充分显示了正当防卫制度鼓励公民"以正对抗不正"的指引功能，对正当防卫的依法适用具有积极的示范作用。类似案例还有"昆山反杀案""于某故意伤害案"等。最高人民检察院、公安部制定了《关于依法妥善办理轻伤害案件的指导意见》，提出避免"唯结果论""谁受伤谁有理"，明确规定："准确区分正当防卫与互殴型故意伤害。人民检察院、公安机关要坚持主客观相统一的原则，综合考察案发起因、对冲突升级是否有过错、是否使用或者准备使用凶器、是否采用明显不相当的暴力、是否纠集他人参与打斗等客观情节，准确判断犯罪嫌疑人的主观意图和行为性质。因琐事发生争执，双方均不能保持克制而引发打斗，对于过错的一方先动手且手段明显过激，或者一方先动手，在对方努力避免冲突的情况下仍继续侵害，还击一方造成对方伤害的，一般应当认定为正当防卫。故意挑拨对方实施不法侵害，借机伤害对方的，一般不认定为正当防卫。"

遗憾的是，本案对正当防卫的认定仍然存在较大的争议。本案中，被害人李某砍杀陈某要害部位在先，陈某被砍掉了眼镜、血流满脸，为制止被害人李某可能继续进行的不法侵害夺刀防卫在后，砍杀二十余刀是由于视线模糊，对被害人李某继续砍杀的恐惧和无法判断其反杀具体部位、强度的情况所致，至少不能排除这种可能性。虽然最终不幸导致被害人李某死亡，也不应当否认其防卫性质。同时，两审还未能准确认定陈某自首及取得被害人谅解等从宽处罚情节。本案起因于婚姻纠纷，被害人的死亡让人深感遗憾，但并不能因此就认定陈某出于杀害被害人的故意实施了录音，将正常的言语劝解解释成防卫挑拨，将不能控制的防卫反杀行为认定是故意杀人行为。

第九章

法律意见

编者按：民营企业家的法律风险意识，被称为"法商"。当前企业家的法律风险防范意识已普遍增强，企业聘请法律顾问渐成常态。但是，由于刑事实务问题的复杂性、专业性，专业从事民商事业务的执业律师通常难以把握企业运营中的潜在刑事风险。

实际上，无论是刑事专业律师，还是民商、非诉专业律师，都必须对常见法律问题有基本的把握和判断能力。刑事专业律师也必须通晓主要民商事业务，否则无法敏锐判断案件究竟是民商事纠纷还是刑事犯罪，在刑民交叉案件中难以有所作为。

案例二十七：关于返还 Q 市考试中心营业收入及恢复营业的法律意见

🔍 办案掠影

2007 年，公安部要求建立统一标准的机动车驾驶员考试中心。经 2007 年 4 月 19 日 Q 市市委、市政府会议研究决定，通过公开招标方式设立 Q 市考试中心。2007 年 8 月 1 日，甲方 Q 市公安局与中标人乙方 Q 市某农机市场（负责人为王某友）签订《合作建设 Q 市交警支队驾驶员考试中心合同书》，约定：合作经营期限为 15 年，15 年内甲方仅享有使用权，经营期满，无条件交给政府。但在合同执行期限未满的情况下，考试中心被政府强制单方收回。为此，笔者律师团队接受委托，就《合作建设 Q 市交警支队驾驶员考试中心合同书》及经营权限期间内单方收回考试中心的决定进行合法性论证。

📁 文书节选

一、考试中心的设立、转让经过

2007 年，公安部要求建立统一标准的机动车驾驶员考试中心。经 2007 年 4 月 19 日 Q 市市委、市政府会议研究决定，通过公开招标方式设立 Q 市考试中心。2007 年 8 月 1 日，甲方 Q 市公安局与中标人乙方 Q 市某农机市场（负责人为王某友）签订《合作建设 Q 市交警支队驾驶员考试中心合同书》（以下简称《合同》），约定：合作经营期限为 15 年，15 年内甲方仅享有使用权，经营期满，无条件交给政府。

经省公安厅验收合格后，驾驶考试中心开始运营。乙方经营 1 年后，将其持有的股权依法转让给投资人李某华、赵某鸣（已故）。经营过程中，虽然《合同》约定每年交纳 1000 万元后不再缴纳包括税收在内的任何费用，但考试中心仍然全额缴纳了税费，还补缴了前手经营时欠缴的税款。原定由政府从收取的 1000 万元中出资负责考试中心的维修、改造和更新设备费用，也全部由考试中心承担。原定摩托车等五小机动车归考试中心收费，后被政府单方收回。

从以上经营过程中可以充分看出考试中心不仅严格按照合同约定经营，而且还无条件地遵守政府的决定。

二、考试中心的法律性质

1. 根据《政府会议纪要》《中华人民共和国事业单位法人证书》等材料证实，考试中心是依市政府决策，经公安厅验收合格后运营、经招标程序设立、目前尚在约定经营期限内的事业单位法人。市政府应当依法、依约保障其经营权利和经营收益。

2. 根据合同约定，若因政策性原因国家需取消此项事业收费，可采取以下两种方式解决：一是政府按标准价格收回，二是交由乙方自行处置，经过 15 年后再行收回。

3. 根据 Q 市所在省高级人民法院已生效的《刑事判决书》，考试中心的经营为合法经营，收入为合法收入。

三、考试中心的经营收入应予返还

考试中心收取的考试费用,通过银行直接交到市财政局指定账户。根据《合同》约定,财政局每年扣除 1000 万元后,应将剩余的经营性收费返还考试中心的银行账户,作为考试中心的合法收入归考试中心所有。自 2017 年 3 月考试中心被单方面关停并冻结账户后,扣除应扣缴收入 1000 万元,包括应缴纳税金等税费在内尚有 6301 余万元未返还考试中心。

四、考试中心被关停带来的负面影响

目前考试中心作为依法经营的事业单位,政府单方面将其长期关停不仅没有法律依据,而且违反合同约定,是对私营企业产权的损害。此外,考试中心被关停还造成了如下不良后果:

1. 政府收入、税收的巨大损失;

2. 对生产和发展环境的破坏、对 Q 市投资环境的影响;

3. 大批人员下岗;

4. 价值几千万元的设备闲置;

5. 给成千上万的考生带来不便利;

6. 新建考场将造成重复和浪费;

7. 使无辜的投资者受损失。

五、恳请政府依法返还经营收入,并准予恢复经营

根据上述事实及合同约定,作为合同主体一方的政府,一方面享有根据合同约定获得政府收入的权益,另一方面也应当依法履行保障考试中心经营权益的义务。非因政策性原因,或者在符合合同约定及法律规定的前提下,政府不得单方面终止合同。

综上所述,考试中心关于依法、依合同约定返还经营收入及恢复正常经营的请求是具有法律依据、合同依据和事实依据的。相信 Q 市市委、市人民政府必定将兼顾双重角色,依法行政并依法履行合同义务。我们代表委托单位恳请贵市依法返还经营收入并恢复正常经营;我们相信贵市政府将依法保障合作双方的共同经营利

益，为全市的经济主体作出依法行政、讲求诚信的示范和表率，为创建和维护 Q 市良好的投资、经营声誉和环境作出应有的努力！

🗨️ 工作要点

刑辩律师在刑事诉讼中肩负着制衡司法机关尤其是公诉机关的重大责任，不仅需要深厚的刑事辩护专业功底，还要有对案件涉及的民商事问题进行深入细致、有说服力的分析论证的能力，才能避免当事人的合法财产被认定为为犯罪所得或者被扣押或不当处分。这种能力不是与生俱来的，必须在平时积累，对民商、行政法律法规，司法观点和司法实务都应有一定程度的掌握，否则难以真正在头脑中构建成体系化的法律思维。刑辩律师不做民商事案件以保证专业能力、专注度的说法，难以得到广泛的认同。

刑辩律师应当是杂家，通百家、专刑辩，对刑辩涉及的各方面问题都要保持浓厚的兴趣且有能力做一定深度的研究。

案例二十八：关于姜某职务侵占案中公司相关主管人员是否涉嫌刑事犯罪的法律意见

🔍 办案掠影

法律服务工作者应当以救人于水火之中为己任。然而，在某些时候，会有委托人或者委托单位出于这样那样的原因，意图"以刑代民""以刑促民"，利用刑事追诉手段追索各种性质的钱款，并寻求律师的专业帮助和支持。

对于一些比较正式的咨询，笔者通常会以正式法律意见的形式进行回复，力求坚持理性、客观的立场。对于不涉嫌刑事犯罪的咨询，在依法阐明不涉嫌犯罪理由的同时，也要力所能及做些说服工作，化解矛盾，避免当事人之间的纠纷升级。

📁 文书节选

鉴于杨某在贵司前职工姜某职务侵占案中，系姜某所在部门主管人员，其失察、失职行为经贵司调查确认，现根据刑法规定，结合贵司提供的《岗位职责》及《调查分析意见》，就杨某是否涉嫌刑事犯罪问题，提供法律分析意见如下：

一、杨某或不具有渎职类犯罪适格主体身份

现行《刑法》条文中，针对公司、企业高管的失职、失察等渎职行为设定的罪名，仅限于《刑法》第一百六十八条规定的"国有公司、企业、事业单位人员失职罪"，该罪名限定了犯罪主体身份为特殊主体，即国有公司、企业、事业单位人员，包括全资国有公司中的工作人员或者国有控股、参股的股份有限公司中的国有公司、企业人员。

由于贵司为股份有限公司性质，且有国有资金参股或者控股，若杨某为相关参股或控股的国有性质单位所委派或聘任，同时在贵司中代表国有单位对国有资产履行管理监督职责，则杨某身份满足《刑法》第一百六十八条规定的"国有公司人员"条件，其失职行为造成的危害后果若已达到立案标准，涉嫌"国有公司人员失职罪"，可能被司法机关刑事立案，追究相关刑事责任。反之，若杨某非系国有股份持有人委派或聘任，则不符合该罪名特殊主体身份，不能构成该罪。

二、杨某可能涉嫌的其他罪名分析

我们分析认为，除非有充足证据证实杨某对姜某的职务侵占犯罪行为有所参与，否则无法认定杨某构成姜某职务侵占罪的共犯。

除此之外，我国现行《刑法》罪名当中，尚没有针对非国有控股、参股的股份公司高管的过失渎职行为设置的对应罪名。

以上分析意见，谨供贵司参考。

工作要点

通常，律师在依法出具的法律意见中秉持客观、公正立场的理性分析，对意图以刑事控告实现纠纷解决目的的当事人都会起到一定程度的"降温"作用，避免出现滥用刑事控告权利的情况。在接待控告业务咨询时，应全面审查案件情况，客观分析、依法论证，避免助长当事人"以刑促民"意愿、生成冤错案件、浪费司法资源。

第十章

涉黑恶犯罪辩护

编者按： 2018 年 1 月，国家发出了开展"扫黑除恶"专项斗争的号令。肃清黑恶势力的行动获得全国人民、社会各界的高度拥护。然而，办理涉黑恶犯罪案件更应重视严格依法依规，保障当事人权益。

与其他类型的案件不同，"黑恶犯罪"一般具有涉案犯罪嫌疑人人数多、案件事实和罪名多、涉案财产复杂等特点，与动辄上百页的起诉书、判决书相对应，辩护律师的办案难度较大，辩护工作任务非常繁重。3 年来，笔者团队办理了 5 件黑社会性质组织犯罪，1 件恶势力犯罪，除本书收录的陈某平案外，均为一号主犯。黑社会性质组织犯罪案件的人数一般在 30 人左右，多的可达 100 多人；卷宗数量可达几百本至上千本，同时还有繁重的同步录音录像审查工作、辩护文书撰写任务。每起黑社会性质组织犯罪案件的阅卷、会见、调查取证，撰写各类法律意见、辩护意见，参加庭前会议，出席庭审，都需要全体团队成员至少半年的时间和精力。

在争议较大的涉黑恶案件中，不仅各类程序、证据争议更为集中，通常还汇集了很多常见罪名罪与非罪的辨析，比如故意杀人罪，故意伤害罪，寻衅滋事罪，非法拘禁罪，串通投标罪，强迫交易罪，聚众斗殴罪，窝藏罪，包庇罪，买卖、非法持有枪支罪，开设赌场罪等。黑恶犯罪案件，对辩护律师的专业能力、责任心甚至心理素质都提出了最高的挑战。

每件涉黑恶案件的笔头材料都在 10 万字左右，节选时删去了绝大部分对证据的分析论证和对法律规范的引述，仅保留足以反映核心问题的论证内容。在刘某健案中，法律法规、司法解释和典型案例对辩护观点起到了重要的支撑作用，故没有在节选时进行删减。

案例二十九：陈某平寻衅滋事、虚开增值税专用发票、积极参加黑社会性质组织案

办案掠影

陈某平，ZS 公司副总经理，负责财务工作。作为房地产开发商，ZS 公司的违法违纪问题随着 S 村改造项目次第发生，在扫黑除恶专项斗争中应声落马，成为挂牌督办的涉黑大案。

从辩护律师的角度看，房地产经营中的违法违纪行为，与黑社会性质组织之间的差距还是显而易见的。本案紧紧围绕征地拆迁过程中就 18 户"钉子户"实施的滋事生非甚至违法犯罪行为，一方面显示出房地产商依然是房地产商，并没有在当地具有恶名和势力影响，以至于"钉子户"问题得以存在；另一方面也显示出仅以追求经济利益为目的的商人思维、商业行为本质，不具有在当地称王称霸甚至对抗政府的黑社会性质。

本案庭审规格相当高，中级人民法院副院长挂帅，检察机关派出检察长出庭支持公诉。庭审对抗也十分激烈。虽然没有全面实现无罪辩护效果，但笔者律师团队代理的陈某平获得了相对令人满意的判决结果，未被认定构成起诉书指控的积极参加黑社会性质组织罪、寻衅滋事罪，最终以虚开增值税专用发票罪被判处有期徒刑五年，个人财产也得到全部返还。

起诉书指控陈某平犯寻衅滋事罪、虚开增值税专用发票罪、积极参加黑社会性质组织罪三个罪名：

一、寻衅滋事罪

2012 年 2 月某日，时任 ZS 公司项目经理的犯罪嫌疑人马某带领工人在被害人成某家附近施工时，与被害人成某妻子郝某发生争执，犯罪嫌疑人陈某平闻讯后与多名工人持械赶到现场，殴打被害人成某、郝某及前来劝解的村民贾某。

二、虚开增值税专用发票罪

2016 年 5 月，国家税收体制改革以后，ZS 公司通过虚开增值税专用发票的方式虚增公司生产成本，以达到降低公司税负的目的，让他人为自己虚开增值税专用发票 2579 份，金额 683691791.61 元，税额 109899384.6 元，价税合计 793591176.21 元，均被认证抵扣。

三、积极参加黑社会性质组织罪

陈某平明知其兄以 ZS 公司为依托组织、领导黑社会性质组织，积极参加黑社会性质组织并实施了寻衅滋事、虚开增值税专用发票犯罪。

💼 文书节选

第一部分　陈某平涉嫌寻衅滋事罪事实不清、证据不足

一、本案的报案材料存疑

本案受案回执与报案登记表内容相互矛盾。报案登记表表明：本案于 2019 年 6 月 4 日立案，系侦查机关在办理王某等人寻衅滋事案中发现。但在受案回执中，记载为"成某、贾某、郝某于 2019 年 6 月 4 日报称的陈某等人故意伤害一案我单位已受理"。尤其提请注意的是，被害人郝某拒绝签字。如果是办案中发现，就不应存在报案登记表；如果是被害人主动报案，就不应是办案中发现。另外，郝某作为被害人，却拒绝在报案登记表上签字，表明侦查机关的事后追诉已经构成对被害人的滋扰，是对原已平稳、和谐的社会秩序和被害人处分权的不当干涉。

二、陈某平策划、指使、参与、纵容寻衅滋事案的发生事实不清，且存在反证

（一）证实与陈某平无关的证据

1. 被害人成某陈述（询问人、记录人均为李某，仅李某一人询问违法）："（问：你的主房是否被强拆？）不是被强拆，是之后与村委会签订协议后拆迁的。（问：

当时在现场的都有谁？）我们这边是我和我妻子，对方有两人领着四五十人，这两人中，其中一个是陈某的小儿子，另一个我不认识。"

2. 郝某、贾某陈述与成某相互印证，证实案发现场没有陈某平。

（二）证实陈某平在场的证据

被告人马某供述："……没过一会儿，就看见陈某、陈某平、陈某民领着十几个工人过来了……陈某平手里拿着个水杯，陈某在现场站着。是谁指挥动手打人的没有印象了。继续施工时，过来一个偏分背头的中年男子（贾某成），和陈某平打招呼，陈某平甩开他以后，就走开了，然后就看见这个男子被打倒在地，过了几分钟自己站起来就离开现场。"

马某虽然证实陈某平出现在现场，但并没有证实陈某平策划、纠集、参与实施了本次事件。

（三）本案不能单独构成寻衅滋事罪

《最高人民法院、最高人民检察院关于办理寻衅滋事刑事案件适用法律若干问题的解释》（以下简称《解释》）第一条规定，行为人为寻求刺激、发泄情绪、逞强耍横等，无事生非，实施《刑法》第二百九十三条规定的行为的，应当认定为"寻衅滋事"。行为人因婚恋、家庭、邻里、债务等纠纷，实施殴打、辱骂、恐吓他人或者损毁、占用他人财物等行为的，一般不认定为"寻衅滋事"，但经有关部门批评制止或者处理处罚后，继续实施前列行为，破坏社会秩序的除外。本案因拆迁纠纷产生，没有造成严重损害后果，不属于无事生非，不构成寻衅滋事罪。在对人身权益的伤害程度上，没有造成被害人轻微伤及以上级别的伤害后果，不能构成随意殴打他人型寻衅滋事罪。不是发生在公共场所，对社会秩序的影响有限，也不能构成在公共场所寻衅滋事、严重扰乱秩序型寻衅滋事罪。在对拆迁权益的影响方面，被害人明确表达"不是强拆"，搬迁出于自愿，没有受到暴力、胁迫。

（四）对陈某平而言，本案追诉时效已经经过

陈某平没有参与本案的实质行为，由于本案不能单独构成犯罪，作为一般治

安案件，根据《治安管理处罚法》第二十二条"违反治安管理行为在六个月内没有被公安机关发现的，不再处罚"的规定，追诉时效早已经过。

第二部分 起诉书指控的黑社会性质组织的具体犯罪事实不成立

因起诉书认定当事人陈某平构成积极参加黑社会性质组织罪，故有必要对本案中是否存在黑社会性质组织进行论述。

本案中，涉案全部行为围绕特定的房地产开发项目进行，主要事实均发生在拆迁过程中。有的强拆行为被认定为故意毁坏财物罪，有的被认定为寻衅滋事罪，还有的被认定为强迫交易罪。在特定的房地产开发过程中的不法行为，归根结底是为了具体、特定的利益，不具有反党反社会的性质，也不具有坐大成势、称霸一方、欺行霸市、造成行业垄断和区域控制的意图和客观效果。

一、故意毁坏财物罪

故意毁坏财物是指故意毁损他人有价值的财物。而本案起诉书明确认定：因双方就拆迁补偿问题协商未果，被告人陈某决定对该加油站强行拆除。强拆的目的不同于故意毁坏财物罪的目的。拆除是必将发生的结果，拆除必将拆除的财物不可能造成财物的损失，只是强行拆除所采取的方式有失妥当。

二、寻衅滋事罪

本案中，全部寻衅滋事行为均由拆迁纠纷引发，不是出于寻求刺激、发泄情绪、逞强要横等无事生非的流氓动机。涉案的殴打、辱骂、恐吓他人或者损毁、占用他人财物等行为，如果经有关部门批评制止或者处理处罚后仍继续实施的，可以构成寻衅滋事罪。但是，公诉机关没有依据《解释》第一条第三款的规定提出指控，也没有提供相应的证据，证实哪些人曾受过有关部门的批评制止或者处理处罚后仍然继续实施上述行为。

三、包庇罪

构成包庇罪需以被包庇的人涉嫌犯罪为前提。本案中，没有造成人身伤亡等法定危害后果的强拆本身不构成犯罪。没有犯罪，就没有包庇。

四、强迫交易罪

强迫交易罪是《刑法》第三章破坏社会主义市场经济秩序罪第二百二十六条规定的罪名，侵害的犯罪客体是市场经济秩序。根据 2011 年《国有土地上房屋征收与补偿条例》规定，房屋征收补偿是指根据国民经济和社会发展规划、土地利用总体规划、城乡规划和专项规划，将保障性安居工程建设、旧城区改建，纳入市、县级国民经济和社会发展年度计划需要，房屋征收部门可以委托房屋征收实施单位依法拆除建设用地范围内的房屋和附属物，将该范围内的单位和居民重新安置，并对其所受损失予以补偿的法律行为。可见拆迁不属于市场经济秩序，征收补偿合同不属于市场主体之间基于自愿、公平、等价有偿基础上的交易合同。

"强迫何某萍退出挂牌出让竞争"也不构成强迫交易罪。《刑法》第二百二十六条第三项规定的是本罪包括强迫他人参与或者退出投标、拍卖的行为，而本案中，涉案国有建设用地使用权挂牌出让，作为"招、拍、挂"三种出让方式中的一种，挂牌出让与投标、拍卖的性质有严格区分。在招标出让中，存在招标方、投标人、中标人、竞得人；在拍卖出让中，存在拍卖人、竞买人、竞得人；而在挂牌出让中，存在出让人、竞买人双方。本罪的犯罪对象、犯罪领域是法定的，不包括挂牌出让。

李某喜、焦某水、李某红三家的强拆过程中，起诉书认定"三家陆续被迫搬离原居所，但未同意拆迁"，表明没有形成非法控制。

王某对其家被强拆、家中物品被毁的问题，"多次控告"，足见陈某、ZS 公司或者强拆的系列行为，并未使被拆迁人产生不敢控告的心理压力。

五、诬告陷害罪

起诉书指控陈某"为了加快拆迁工程进度"，支付部分拆迁补偿款，此后又声称支付补偿款是被迫的，以追究刑事责任相威胁要求退还补偿款，构成诬告陷害罪。第一，陈某的控告有基础事实依据，其确实不完全愿意支付补偿款。因此，在存在工期进度压力的情况下，客观上确实会给陈某造成心理压力，这种心理压力被拆迁人显然也是知道的。第二，敲诈勒索事实能否成立，取决于被拆迁人依法应得的拆迁补偿款有没有一个确定的标准。目前看，有下限，没上限，没有一个固定的标准。陈某在压力之下，认为自己多给了钱，认为被敲诈勒索，是他的主观认识，那么报案就是他的权利。有事实依据、对法律认识不够专业，属错告的，不构成诬告陷害罪。

六、聚众扰乱社会秩序罪

起诉书认定"为加快S村改造工程进度……组织S村村民去市政府、高新区管委会等单位，采取非法手段，聚众扰乱社会秩序，向政府和个人施加压力，致使政府机关工作无法正常进行"，可见其主要目的是加快拆迁工作进度。同时，起诉书认定"造成政府机关工作无法正常进行"，没有事实、证据依据。

七、虚开增值税专用发票罪

有实际交易没有造成国家税款损失的虚开是补开不是虚开，是实开不是虚开，是违法而不是虚开犯罪。审计报告无权力也无职能认定涉案事实是否属于虚开犯罪性质。税务稽查报告没有认定涉案事实属于虚开发票性质。税款损失也没有相关证据证明。无论是行政违法的虚开行为还是刑事犯罪的虚开行为，一般均秘密进行，不涉及外部控制和影响，不能成为"涉黑"的事实依据。

第三部分　本案不构成黑社会性质组织

一、不具有黑社会性质组织的组织特征

起诉书认定"该黑社会性质组织人数众多，骨干成员基本固定，层级分明，分工明确，有约定俗成的组织纪律和明确的奖惩措施"，没有事实、证据基础。

（一）没有层级体系和职责分工

本案中，除陈某外，其他S村村民涉案人员均系因S村拆迁项目临时聚集在陈某周围，并没有"比较明确的层级和职责分工"，双方仅是在具体拆迁事项中才有所交集，具有临时性、事务性和被雇佣、被纠集的特征。涉案人员之间没有领导层、中级管理层、小弟层的层级划分，之间没有谁是大哥、谁是小弟的明显层级。

各涉案人员人身关系不依附、从属于陈某及 ZS 公司，双方没有服从与被服从、管理与被管理关系。

公司有其正常、合法运转的组织架构体系。所有与陈某有宗亲、同乡、主雇关系的人，均是陈某在几十年经营活动中挑选出的、在其公司中正常任职的员工。ZS 公司的组织架构与涉案参与人员仅有极小比例的重合，参与人也不具有明知是黑社会组织犯罪而参加的决意。事实上，任何一个具备一定规模的民营企业的发生、发展、壮大，都依赖于宗亲、同乡、金钱利益。宗亲、同乡之间的情感基础更深厚，而金钱利益则是工作关系得以维系的重要依托。

（二）没有组织规约

起诉书认定陈某利用"福利房""福利贷款""十年的合同""家长制"以及签订的《保安合同》"牢牢控制"，显示出本案没有任何成文或不成文的"黑帮规矩"。福利房、福利贷款如果没有与特定的违法犯罪事件相联系，即使是出于陈某的个人意志，也不能片面评价为控制手段；十年的合同是用人单位和受雇佣者自愿签订的合法的有期限的劳动合同；家长制是陈某在家族中的贡献、地位和个人性格所决定，《保安合同》也不具有上述纪要规定的相关内容。可见，本案没有"明确组织内部人员管理、职责分工、行为规范、利益分配、行动准则等事项的成文或不成文的规定、约定"。

从另一角度看，起诉书的相关认定恰恰证明了公司运作的合法性、陈某与其他涉案人利益关系的纽带性。本案所有犯罪嫌疑人均与陈某有某种金钱交易，可见支持陈某和涉案所有事件参与人之间的纽带，唯钱而已。陈某同韩某则、原某文等人的关系变化，直接证明了他们之间没有管理与被管理、服从与被服从的组织关系，只有利益纽带。

（三）没有组织利益

陈某谋取的都是单纯的项目工程利润，无论利润多少，都完全归于陈某享有和处分。没有关于利益分配的成文或不成文的规则。只有陈某的个人利益，不存在组织利益，其他公司员工均领取与本职工作相对应的固定的工资奖金报酬。

（四）没有违法犯罪的稳定性、持续性

本案所有的指控事实，均是为了拆迁改造建设的顺利进行。拆迁改造完成后，违法犯罪行为即全部结束。

二、不具有黑社会性质组织的经济特征

并非具备经济实力就可以认定具备黑社会性质组织的经济特征。根据《刑法》第二百九十四条第五款第二项的规定，经济特征是指有组织地通过违法犯罪活动或者其他手段获取经济利益，具有一定的经济实力，以支持该组织的活动。

第一，ZS 公司及其负责人陈某的经济实力不是在"黑社会性质组织形成、发展过程中获取的"，也并非来源于有组织的违法犯罪活动。陈某的经济实力依靠的是其几十年的合法经营积累，陈某也没有在拆迁工作以外实施任何违法犯罪活动。涉案拆迁行为均发生于 2016 年之后。陈某在拆迁工作中的违法行为，系出于保障工程进度的考虑，而不是谋求在特定区域或行业的强势地位、非法影响。

第二，陈某的经济实力没有用于支持该组织的活动。在案证据表明，陈某与涉案所有行为人之间的收买或利益交换关系，均是"一次一结""论功行赏"，这种金钱给付是单向的、一次性的、任意的。即使一定时期内以开工资、吃空饷等形式维系，也是建立在村民"贪小利"的心理基础之上的小恩小惠，这种利益关系始于拆迁、终于拆迁，不具有人身依附性、组织关系的稳定性。

三、不具有黑社会性质组织的行为特征

首先，本案的对象特定为极少数"钉子户"，客观上没有造成不特定多人的权益损害或潜在威胁。其次，本案不是为了谋取强势地位，追求的是工程顺利进行的合法目的，归根结底是为了公司利益。再次，本案不具有黑社会组织性。虽然多由陈某决定、指挥，但这是因为陈某为公司负责人。最后，本案也不符合黑社会性质组织的其他情形。

四、不具有黑社会性质组织的"非法控制特征"

（一）S村特定"钉子户"不具有"区域性""行业性"特征

涉案所有事件发生在固定的拆迁环节，针对的对象是特定的"钉子户"。"钉子户"的诉求是否合理并不是本案所要讨论的对象，但是"钉子户"显然是极少数特定人（二期只有4户）。

（二）本案不具有非法影响的"区域性"特征

村庄是中国最小的居住群。而本案中，陈某在S村的开发共分四期，针对每期"钉子户"的滋扰行为也随着施工规划和进展次第展开，每一期针对的范围均不及于全村：一期拆迁首批233户，二期301户，绝大多数正常拆迁的居民完全不会感受到威胁和恐慌。本案难以达到"区域性"影响的法定范围和程度。

（三）陈某等人的行为不具有在S村建立非法控制和影响的目的

没有城中村改造工程，陈某与S村秋毫无犯；陈某的目的仅为顺利拆迁；在拆迁工作结束后，陈某与S村的联系同时终止。足以证实陈某在S村没有非法控制和影响。

（四）不具有"保护伞"特征

黑社会性质组织同其"保护伞"之间是一种松散的组织关系，"保护伞"凭借自己的身份对黑社会性质组织形成固定的关照，"保护伞"实质上就是黑社会性质组织的成员，与黑社会性质组织之间具有利益共同体关系。

起诉书认定本案有"保护伞6人"，对应了6起具体行贿事实。但涉案所有行贿事实均有具体的权钱交易内容，行贿、受贿当事人之间没有其他的组织关系、经济关系。涉案6名公职人员并不关心陈某和ZS公司除S村拆迁建设以外的经营状况。其中，受贿人员李某与陈某于2016年就断了联系。另5名受贿人员均是公安机关工作人员，起诉书也明确这5人"为该公司在案件办理中谋取利益"。可见双方仅是一般的针对特定事项的一次一结的权钱交易关系；受贿人的目的仅是获得贿赂款，不具有帮助陈某建立非法势力范围的目的。

起诉书认定的具体事实确实存在，但认定构成犯罪没有法律依据；认定以拆迁工作的顺利进行为目的，足以证实本案不是黑社会性质组织犯罪；认定的虚开增值税专用发票犯罪和虚开发票罪与陈某平有关，但虚开犯罪属于对票犯罪，不存在自然人受害人，不需要利用"黑社会"的名义进行，与黑社会性质组织没有因果关系。陈某平不能构成参加黑社会性质组织罪。

综上所述，拆迁纠纷中的孰是孰非，往往难以有一个清晰的界限。本案起诉书明确认定了"加快拆迁进度、解决拆迁纠纷"是目的，客观反映了陈某、ZS 公司在 S 村没有形成任何势力影响的事实。正因为没有形成势力影响，才在拆迁关键时期，实施了一些滋扰甚至强拆的行为；才有案中的"钉子户"连续不断、此起彼伏地与陈某、ZS 公司发生纠纷；也正因为没有形成势力影响，没有"保护伞"，才实施了行贿行为。本案没有涉及与拆迁工作无关的人员，并不直接侵犯被拆迁户的人身安全，没有造成严重的伤害，殴打事件也没有造成轻伤以上的结果，不符合称霸一方、欺压百姓、为非作恶的"黑社会性质"特质，更不具有反党、反社会、插手地方政权等政治动作；全案只有尽快完成拆迁工作、完成开发计划、追求开发利益的目的，距离"黑社会性质组织"的四个特征还有不小的差距。

🗨 辩护要点

黑社会性质组织是以追求非法经济利益为目的的组织，具体企业化特征，但企业组织架构、企业经营活动中的偶发违法犯罪行为与黑社会性质组织的四个特征存在区别。首先，本案没有明显的组织架构、层级关系，说明不具有组织基础。所谓组织，至少要有决策层和稳定的骨干力量，这是常识也是法律明文规定。本案中，没有任何一个人是多次参加各种行动的较为固定的上传下达的角色。没有稳定的骨干力量，即使行为具有一定的"有组织"的表象，也属于临时纠集，而不是常态。陈某的常态是几十年的合法经营者，ZS 公司的常态是一个合法运转的实体公司。其次，陈某和 ZS 公司的经济基础是合法经营所得，本案指控的各项违法犯罪事实之间紧紧围绕房地产开发项目各阶段主要矛盾展开，随着开发的结束而结束，不具有称霸一方的目的和结果。陈某用自己合法的本金开发楼盘获得市场利润，决定了其作为经营受益主体的合法正当性。再次，在陈某几十年的经营历程中，S村拆迁过程中出现的违法犯罪行为属于偶发事件，具有自身特定的背景。从次，不论ZS公司是辅助村委会进行拆迁工作，还是取代村委会进行拆迁工作，拆迁的基础工作都是村委会完成的。也就是说，第一手资料不是陈某和ZS公司掌握的，而是村委会掌握并提供给陈某的。最后，在拆迁改造过程中，涉案官员的受贿犯罪行为，仅以获取不正当的权力对价为目的，属于一般的行贿、受贿犯罪范畴，不能认为是为黑社会性质组织的违法犯罪提供稳定的保护。

案例三十：刘某健等人寻衅滋事罪、强迫交易罪、非法拘禁罪、"恶势力"团伙犯罪案

办案掠影

　　本案因高利贷引发。经中间人介绍，房地产企业主郭某与刘某健的远亲、粮库经营业主柳某主动找到刘某健，请求刘某健借资以供周转。刘某健以自有资金出借后，郭某和柳某到期无力偿还，各方数次协商并分别核算确定了欠款本息总额后，刘某健向人民法院起诉。经人民法院主持调解，郭某和柳某分别自认了双方核算的欠款本息总额，调解结案后，通过执行程序获得执行。

　　在执行之前，郭某关机失联，刘某健的妻弟带人去郭某经营的旅馆、商城等地采取蹲守等方式意图迫使郭某出面解决债权债务争议。郭某与刘某健签订以其商场铺面所有权抵债的书面合同，刘某健与其妻弟马某利等人按照郭某健的意思，持合同书前往商场将抵债铺面围挡起来。其间，郭某还曾在刘某健及马某利等人还债要求下，声称签订有关抵债合同需要盖章，由其司机驾车连夜带领刘某健等人前往其公章保管地，郭某在途中提议住店休息。休息期间，郭某以受到非法拘禁为名使用自己随身携带的手机报警，出警警方查明系债权债务纠纷，并未非法

剥夺郭某的人身自由，责令刘某健及马某利等人写下保证书，保证不得实施侵害人身自由及其他人身权利后结案。

因柳某逃避债务，刘某健妻弟曾带人前往其经营的粮库"堵大门"，意图迫使柳某出面解决债权债务纠纷；双方还曾签订过车辆置换协议。

扫黑除恶专项斗争开始后，郭某向有关部门不断控告刘某健是放高利贷的"黑社会"，当地公安机关初查后，逐级上报至省级公安部门，均认为不构成犯罪。在郭某持续控告之下，当地扫黑办向公安机关再次移交犯罪线索。公安机关对刘某健及马某利等11人立案侦查，后将刘某健等人围挡郭某商场铺面及马某利带人去柳某粮库堵门的行为认定为寻衅滋事罪，将跟随郭某取公章的事实认定为对郭某的非法拘禁，同时认定刘某健及其妻弟马某利等11人构成"恶势力"团伙，向检察机关移送审查起诉。

检察机关审查起诉期间，经两次退补，起诉书认定了起诉意见书认定的两个罪名、三起事实，还"追诉漏罪"，将车辆置换行为认定为强迫交易罪，将刘某健妻弟马某利前往郭某经营的旅馆蹲守等待的行为认定为寻衅滋事罪。

庭审前，鉴于高利贷引发债务人控告、债权人索债行为是否构成犯罪问题的典型性，辩护律师专门进行了较深入的专项研究。为确证论证意见的准确性，辩护律师还专程聘请刑法学界专家教授对本案进行了论证，并出具了专家论证意见。张明楷教授后来还专门撰写了文章，就民间借贷引发的罪与非罪争议进行了非常深入浅出的论证，发出了"不能轻易对不当讨债、自力救济、职业打假行为追究刑事责任"的呼吁。

庭审进行了两天，公诉机关副检察长亲自出庭，控辩交锋十分激烈。辩护律师指出，本案除刘某健与其妻弟之间系亲属关系外，刘某健与其他被告人之间相互不认识；其他被告人既不认识刘某健，也不知道参与的事实是为刘某健的利益，不能构成共同犯罪，更不能构成"恶势力"团伙。以索债为目的的自力救济行为，没有造成法律危害结果，不构成犯罪。庭审最后，合议庭当庭宣布案件将提交审判委员会讨论，并公布了审判委员会名单。

最终一审判决没有认定其他被告人构成"恶势力"团伙成员，或可视为辩护律师为全案被告人做无罪辩护获得的一点成果; 但是, 对于刘某健而言, 除强迫交易事实没有被认定外, 判决对其他四起事实、两个罪名均予认定, 将刘某健及其妻弟等 3 人认定为"恶势力"团伙, 以寻衅滋事罪、非法拘禁罪对刘某健数罪并罚, 判处有期徒刑五年。

二审过程中, 辩护律师根据实际情况, 着重强调了非法拘禁应当以剥夺被害人人身自由为法定构成要件, 一审判决明确认定本案中仅属"限制人身自由"程度, 不应以非法拘禁罪论, 以及对行为性质的辩解是法定权利、刘某健具有自首、认罪认罚情节等理由, 请求二审改判, 给予刘某健从轻处罚, 但未获采纳。

📁 文书节选

第一部分　关于高利贷

对高利贷的行为性质, 尤其是罪与非罪的界定, 不只是对特定个人行为是否违法的认定, 而且牵涉到公序良俗、正义观念、个体权益保障等问题, 需要十分慎重。

事实上, 民间借贷的成因各种各样, 民间高利贷也符合资本趋利的天然属性, 并且满足和解决了一些民间资金的需求和问题。当然, 因借贷尤其是高利贷引发的违法犯罪也给民生和社会秩序带来隐患, 为此, 我国已经将非民间偶发高利贷入刑; 正是因为此番专门入刑, 根据罪刑法定及罪不溯及既往原则, 也说明此前的高利贷行为尚不能以犯罪论。

那么, 入刑前的高利贷是否属于非法债务呢?《最高人民法院关于人民法院审理借贷案件的若干意见》(有效期为 1991 年 8 月 13 日至 2015 年 9 月 1 日)规定:"民间借贷的利率可以适当高于银行的利率, 各地人民法院可根据本地区的实际情况具体掌握, 但最高不得超过银行同类贷款利率的四倍(包含利率本数)。超出此限度的, 超出部分的利息不予保护。"

《最高人民法院关于对为索取法律不予保护的债务非法拘禁他人行为如何定罪

问题的解释》规定："为了正确适用刑法，现就为索取高利贷、赌债等法律不予保护的债务，非法拘禁他人行为如何定罪问题解释如下：行为人为索取高利贷、赌债等法律不予保护的债务，非法扣押、拘禁他人的，依照刑法第二百三十八条的规定定罪处罚。"

可见，高利贷的性质为法律不予保护的债务。所谓"超出部分的利息不予保护""法律不予保护"，也就是"民不举官不究"。根据实体法享有民事权利的当事人，可以选择通过诉讼渠道实现相关权益，也可以选择放弃相关权益，这是民事权益的处分原则；选择实现相关权益，可以通过协商、调解、诉讼渠道实现；通过诉讼渠道实现，还要遵守民事诉讼法关于依法提起诉讼、谁主张谁举证、调解、诉讼时效等相关规定的限制。

一、刘某健与柳某之间的债权债务不能确定属于高利贷

刘某健供述和 2019 年 7 月 6 日柳某第一次询问笔录中的陈述相互印证，证实双方约定的利息为 2—3 分利；与补充侦查卷宗中《关于刘某健与柳某之间"套路贷""虚假诉讼"的情况说明》经核算认定的本息约定相一致。案发时银行同期贷款利率的四倍，约为 26%，故刘某健与柳某之间的债权债务，尚不能明确认定为高利贷。

二、刘某健与郭某、柳某之间的债权债务经法院生效调解书确认为合法债务

本案中，刘某健与郭某、柳某之间的债权债务纠纷，先是自行协商、就本息余额及抵押问题达成协议，后又经法院民事诉讼调解程序依法确认。在调解及执行程序中，柳某、柳某强（柳某父亲）、丁某华（柳某妻子）、郭某都分别明确认可核算结果，明确认可抵押的内容。至此，刘某健与郭某、柳某之间的债权债务，因郭某、柳某等债务人的自认和对超高利息不予保护请求权的放弃，通过法院生效调解书的确认，成为合法债权债务。

第二部分　关于寻衅滋事罪

犯罪的本质是法益侵害性，要求对法益侵害达到刑法规定的立案标准，即有符合构成要件且达到立案标准的实行行为，注重实行行为定型性，避免将有契约基础和权利基础的行为认定为犯罪。

合法的债权债务关系并不是行为人以索债为名，为所欲为、为非作恶、违法犯罪的护身符。在自力追索债权的过程中，针对债务人人身实施的侵犯人身自由、健康、名誉等权利的行为，超出了债权范畴、构成违法犯罪的，应当分别依据《治安管理处罚法》《刑法》的相关规定给予相应的惩处。但本案没有超出债权范畴，也不构成犯罪。

《刑法》第二百九十三条规定："有下列寻衅滋事行为之一，破坏社会秩序的，处五年以下有期徒刑、拘役或者管制：（一）随意殴打他人，情节恶劣的；（二）追逐、拦截、辱骂、恐吓他人，情节恶劣的；（三）强拿硬要或者任意损毁、占用公私财物，情节严重的；（四）在公共场所起哄闹事，造成公共场所秩序严重混乱的。纠集他人多次实施前款行为，严重破坏社会秩序的，处五年以上十年以下有期徒刑，可以并处罚金。"

鄂仙检一部刑不诉〔2020〕107号认为，鉴于两公司之间确实存在债权债务关系，且何某某被拖走生猪的价值并未超过其应偿还的债务金额，被不起诉人吴某某等人到何某某公司拖走生猪抵债的行为不能认定为寻衅滋事罪。

而本案起诉书指控的三起事实，既不符合《解释》第一条的条件，也不符合《刑法》第二百九十三条第四项或者《解释》第五条关于在公共场所起哄闹事"造成公共场所秩序严重混乱"的认定标准。

一、S国际商城围挡铺面事件

在S国际商城围挡铺面事件中，由于S国际商城不具有开业资质，刘某健将商城铺面围挡致商城关门的行为不构成犯罪：

第一，依法行使合同权利不具有非法目的。郭某将S国际商城"抵账"给刘某健，双方签订了《买卖合同》，刘某健持《买卖合同》《房屋预售登记证》收回S

国际商城商铺的行为具有民法上的依据。

第二，由于S国际商城尚不具有经营资质，业主刘某健关停商城属合法行为。S国际商城至今尚未取得相关资质，因此也并未再次开业。非法营业的秩序不属于正常合法的公共场所秩序，不具备"造成公共场所秩序严重混乱"的前提。

第三，关停商城是刘某健正当行使业主权利的处分行为，不受任何非法干涉。根据《买卖合同》，S国际商城的业主已变更为刘某健。刘某健对商城是否开业、何时开业具有完全、唯一的处分权。

第四，是否过户不是《买卖合同》生效、合法与否的判断标志。刘某健与郭某的《买卖合同》和《房屋预售登记证》确立了刘某健的权利人地位。虽然不动产买卖属要式合同、采登记主义，但这种要式要件、登记过户要件仅是对外生效要件。即使没有登记过户，买卖合同的当事人双方仍然受到合同约定的约束。在合同履行过程中，实现合同约定的方式首先就是根据合同约定自觉履行；履行中出现争议，才需要通过调解、斡旋、诉讼等程序来处理合同纠纷。强制执行属于在一方拒不履行合同义务的前提下，权利人的法定救济手段。

第五，强制执行仅是权力机关对双方抵债约定的追认。本案中因郭某不配合过户，刘某健迫于无奈通过强制执行程序，实现《买卖合同》标的物的所有权登记转移，是因郭某违约造成的非自然结果。强制执行并不是民事纠纷解决的必然归宿。而本案中强制执行过户的最终结果，是对双方《买卖合同》合法性、有效性的追认。

第六，所谓"造成100余名商户损失""商户联名要求恢复营业"，没有事实、法律依据，存在众多反证。起诉书中认定造成"商户跳楼示威的严重后果"，这一认定与事实和证据指向不符。栾某正、李某英、宋某晓、王某阳、孔某伟、顾某茹、高某照等商户，都证实没有驱赶商户，也没有威胁、打骂等行为，还证实了跳楼示威是因为郭某不退还商户租金、不支付工人工资；而且跳楼示威发生在当年夏季，与刘某健等人的行为没有关系。

某市拍卖公司的《关于本次拍卖活动的总结报告》明确述明：流拍的原因，一是经营状况不佳，何时能繁荣不详，早期入驻商户亏损纷纷退出。二是商场管理不理想，如商铺改电需商户自己出资且不准外请电工，商场工勤人员不能及时开支而产生不愉快甚至极端行为，影响不好；部分餐饮商家对外发放会员卡后，不辞而别退出经营，持卡人无处讨还余款等问题。该报告系第三方主体依法依职责经调查得出的结论，更客观、更权威、更可信。

第七，涉案人员之间不构成共同犯罪。首先，刘某健、马某利的供述相互印证，证实刘某健离开S国际商城后发生的以收回商铺为目的的行为，是马某利个人自作主张，与刘某健无关。其次，本节事实中其他被告人也不构成与刘某健、马某利的共同犯罪。参与S国际商城围挡铺面事件的被告人当中，侯某磊、赵某龙、刘某阳、孙某权、沙某威、王某奎都不认识刘某健；刘某阳、赵某龙、孙某权、沙某威既不认识刘某健，也不认识马某利。高某巍只见过刘某健一面。邰某辉、刘某阳、孙某权、沙某威等人均不知道S国际商城与刘某健有关，只以为是帮李某坤向郭某要债。共同犯罪是指共同故意犯罪，即使对对方的身份知道得不确切，也至少要知道有一个人在与自己共同实施犯罪行为，即存在基本的犯意联络。这些被告人在完全不知道案中有刘某健、马某利二人存在的情况下，不具有与二人共同犯罪的故意，不能构成共同故意犯罪；更不具有对刘某健"恶势力"团伙头目身份、地位等状况的认识，不可能有加入"恶势力"团伙的认识和意志，不能构成团伙成员。

二、旅店寻衅滋事事件

旅店寻衅滋事事件中，刘某健、马某利、高某国不构成寻衅滋事罪，事实清楚，证据确实、充分，法律依据明确；其目的是查找债务人，索取债务属事出有因；行为克制，情节显著轻微；郭某旅店规模有限、案发时客流量有限；证人牟某娟的证言直接证实了没有"导致停业两个月"，更没有"造成公共场所秩序严重混乱"。

第一，"导致服务员辞职、旅店停业两个月"，没有客观证据证实，且不符合情理。服务业人员流动性本来就大，服务员的离职原因只能由其自己来说明，不能由其他人代为证明。马某利、高某国的庭前、庭后供述始终稳定，相互印证，证实两人只去了一次，逗留两三个小时。辩方当庭提交的证人牟某娟在旅店开具的住店流水（2015 年 1 月 22 日至 27 日，5 间房）可以证实旅店并未停业。牟某娟还证实，其于 2015 年 1 月 22 日去郭某旅店开房间时，旅店内"秩序一切正常，未发现其他人逗留滋事"。

第二，起诉书指控 2015 年 1 月 20 日马某利、高某国在郭某旅店滋事，时间限定为当日，但公诉人当庭又举出郭某旅店员工郭某的证言，拟证实滋事"持续了十多天"，却不能提供其他录像证实，与牟某娟的证言相矛盾，还与起诉书指控的 S 国际商城围挡铺面事件认定的事实相互矛盾。S 国际商城位于 A 市，而郭某旅店位于 B 市，两地往返路途时间需要八九个小时，马某利不可能在 2015 年 1 月 25 日至 2 月 6 日，既在 S 国际商城滋事，又在郭某旅店滋事。

第三，"停业两个月"与滋事行为之间的因果关系不确定。旅店属于公共场所，但是，并不是什么规模的旅店都能"造成公共场所秩序严重混乱"。公诉机关没有举示证据证实郭某旅店案发时的客流量、入住率，证实高某国、马某利行为能造成《解释》第五条规定的"造成公共场所秩序严重混乱"的法定后果。旅馆业的管理非常严格，入住率和营业的情况，只需要公安机关调取入住联网记录即可有效证实。旅馆业主要依靠旅游业实现盈利，案发时正值当地旅游淡季。因此，即使郭某旅店停业两个月，与马某利、高某国行为之间也不具有因果关系。

三、粮库堵门事件

根据证据裁判的原则，由于辨认笔录违法，没有证据证实马某利、陈某鹏实施了粮库堵门行为。从事实角度看，粮库不属于"公共场所"，不可能"造成公共场所秩序严重混乱"；从法律角度看，根据《解释》，以索债为目的，不构成寻衅滋事罪。

（一）粮库堵门为虚构事实的证据确实、充分

一是柳某陈述虚假有实证。柳某在陈述中至少四次坚定地提到，因粮库被堵门，不得已同意置换车辆。但柳某所称粮库堵门事件发生在 2013 年 11 月，置换协议签订于 2013 年 9 月 26 日。可见柳某陈述弄虚作假。

二是辨认笔录多重严重违法。柳某等三人的辨认笔录存在如下共性问题：

（1）职业见证人、自己见证自己。见证人赵某亮，经查是侦查机关的辅警。（2）没有依法在辨认之前询问被辨认人的相貌特征。（3）陪衬照片雷同，违反混杂辨认原则。（4）3名辨认人均年逾六十，明确自称自己的视力不好，笔录中均称没看清人，不具备辨认的生理条件、客观条件。（5）柳某夫妻的辨认笔录还违反个别辨认原则："公安机关将照片打印在一张纸上，让我辨认马某利和陈某鹏。"（6）柳某辨认笔录的辨认照片数量不符合法律规定。柳某明确证实是9张照片，法定为10张。

三是闫某等三人的证言属于先串证再作证。卷宗中，闫某、刘某晶、刘某东3名证人于2018年即出具过自书证言，称"刘某健的小舅子马某利带人去堵门"，但证言内容雷同，说明3人串证在先。本案立案后，3人在侦查机关的笔录中，又不确定刘某健的小舅子叫什么名字，对堵门事实证实内容与自书内容有明显出入。

四是证人与当事人具有显著的利害关系。柳某是本案的举报人。柳某、柳某强、丁某华具有夫妻、父子关系；闫某不仅与柳某夫妇有雇佣和被雇佣的关系，柳某还是闫某妻子的亲弟弟。刘某晶、刘某东与柳某一家具有雇主与雇员的关系。

（二）粮库不属于"公共场所"

《卫生公共场所管理条例》第二条规定："本条例适用于下列公共场所：（一）宾馆、饭馆、旅店、招待所、车马店、咖啡馆、酒吧、茶座；（二）公共浴室、理发店、美容店；（三）影剧院、录像厅（室）、游艺厅（室）、舞厅、音乐厅；（四）体育场（馆）、游泳场（馆）、公园；（五）展览馆、博物馆、美术馆、图书馆；（六）商场（店）、书店；（七）候诊室、候车（机、船）室，公共交通工具。"

可见，粮库不在其列。柳某的粮库是粮食集散、加工场所，位于某村庄，地处偏僻，少有人烟。在庭审中，辩护律师向法庭举示了侦查机关的现场勘查照片，该粮库周边野草丛生，极其荒凉，不仅在法律上不属于公共场所，事实上也不可能属于公共场所，更不可能造成"公共场所秩序严重混乱"的法定危害后果。

第三部分　关于强迫交易罪

根据《刑法》第二百二十六条规定，强迫交易罪必须以暴力、威胁手段进行。

榆区检刑检诉刑不诉〔2020〕27号认为，郭某民与被不起诉人等实施了哪种"暴力、威胁"的手段，双方各执一词，且本案中，郭某民与被害人张某某等人之间是债权债务关系的双方当事人，进驻煤矿收取煤款只是为了实现债权，其行为不符合强迫交易罪的客观要件。被不起诉人韩某某临时受雇于郭某民，虽领取工资，但对工资发放方不甚了解，现有证据无法认定其有共同犯罪的故意，本案犯罪构成缺乏必要的证据予以证明，不符合起诉条件。

庆让检诉刑不诉〔2020〕20号认为，被不起诉人吴某甲帮助张某某控制吴某丙的行为是否存在，该行为是不是导致吴某丙被迫接受抵债车辆的原因，现有证据无法查清，不符合起诉条件。

莒检刑不诉〔2019〕35号认为，认定李某某是否强迫他人转让宾馆、车辆，以及转让宾馆、车辆的行为是否达到情节严重证据不足，不符合起诉条件。

山检刑不诉〔2020〕23号认为，2018年6月24日晚李某丙去阻挡施工，李某甲、李某乙、张某甲、石某某等人给徐某甲如何"施压"以及在李某乙、张某甲、石某某与徐某甲签订协议过程中是否胁迫徐某甲，"暴力、威胁"手段不清。本案经两次退查，仍事实不清、证据不足，刘某某涉嫌强迫交易罪证据不足，不符合起诉条件。

检刑不诉〔2017〕6号认为，被不起诉人张某某未以暴力、威胁手段强买强卖商品，其行为不符合《刑法》第二百二十六条的规定，不构成强迫交易罪。根据《刑事诉讼法》第一百七十三条（现第一百七十七条）第一款之规定，决定对张某某不起诉。

可见，本案起诉书关于置换车辆强迫交易的指控，不符合《刑法》第二百二十六条之规定。一是不具备法定的暴力、胁迫或者"软暴力"胁迫手段；二是两车价值等同，不具备造成损失的法定结果。

第一，置换是谁提出来的，事实不清，证据不足。强迫交易罪不仅要考察是哪一方先提出来的，还要考察交易的过程是否能体现协商和自愿性。本案不能排除是柳某先提出来的可能性，此时不能构成强迫交易，自不待言。即使是刘某健先提出来的，由于柳某先不同意抵顶利息，因此刘某健给他换了一辆车。这完全是一个协商过程。柳某欠刘某健上千万元欠款不还，却花巨资购买高级轿车，刘某健强占轿车抵债，只要在债权范围内，就不构成犯罪。

第二，某价格认证中心出具的《价格认证意见》不具有合法性、客观性、关联性。一是无实物鉴定且无基础资料，违反鉴定程序规定。没有检材，案发时车辆情况无法考证。鉴定没有依据充足的佐证材料，无实物鉴定，需要有购买发票、车辆行驶证、车况基本信息，包括公里数、车损等基本资料，否则是不符合价格认证检材的要求的。被害人同被告人对车况的陈述不符。二是本案"置换"属于特殊交易，是价格认证中的除外责任情况。三是没有鉴定人、审核人签名。价格认证结论仍归属于证据种类中的鉴定意见，必须遵守《刑事诉讼法》及相关司法解释等关于鉴定意见审查的规定，遵守《司法鉴定程序通则》的明确规定。无鉴定人、审核人签名，就无法审查鉴定人资质和申请回避。

第三，应以实际交易金额确定涉案物品价格。证人陈某明、张某光明确证实，涉案A轿车于2014年上半年，被刘某健以80万元抵账给陈某明；证人许某证实，涉案B轿车于同时期被柳某以80万元抵账给许某。可见涉案车辆案发时价格相等，不存在损失。

第四，公诉人在庭审中未经法定程序即自行口头改变起诉书的指控。公诉人当庭改口称，认定强迫交易罪中刘某健所采用的暴力是"软暴力"，因"刘某健常与高某巍在一起""对柳某形成了心理压力"。而在柳某的多次陈述中，从来没有陈述过其与刘某健置换车辆曾受到了除粮库堵门之外的其他压迫。高某巍在庭审中明确供述，其"只见过刘某健一次"，其他被告人大多数不认识刘某健。

第四部分 关于非法拘禁罪

《刑法》第二百三十八条第一款规定："非法拘禁他人或者以其他方法非法剥夺他人人身自由的，处三年以下有期徒刑、拘役、管制或者剥夺政治权利。具有殴打、侮辱情节的，从重处罚。"而根据起诉书对本案非法拘禁罪的指控事实，本案情节并不满足非法拘禁罪的立案标准。

一、并未限制郭某的人身自由

根据起诉书的指控，本案全过程可以分为四个阶段：

第一阶段：在郭某办公室（13—16时，郭某、冷某超证实为17时许）。在楼上楼下都是郭某员工、属于郭某"地盘"的情况下，"限制郭某的人身自由"不符合情理，也没有证据支持。16时许，郭某自行下楼、上自己的车，司机开车、郭某坐副驾驶位置，"要出门办事"。如果马某利等人限制了郭某的人身自由，郭某就不能自由活动。郭某陈述，其没有去办事而是去了刘某健办公室，是因"马某利上了车，说去刘某健办公室取身份证，于是让司机开车送马某利去取身份证"。如果郭某的人身自由受到了限制，马某利不需要靠编造谎言把郭某骗到刘某健办公室。

第二阶段：在刘某健办公室（17—19时）。根据刘某健、高某巍的当庭供述，二人是在准备回某市的车上，接到郭某的电话，郭某主动要求带刘某健等人去赤峰取公章签抵账合同，二人才开车回到了刘某健办公室。在刘某健办公室，双方就债权债务纠纷进行协商，协商自然需要时间，需要郭某本人在场，不能认定为限制其人身自由。

第三阶段：驱车前往赤峰（19—24时）。首先，去赤峰取公章是郭某提出的，刘某健本不想去，嫌太晚，但是找到郭某不容易，又不愿意错过解决纠纷的机会，于是让郭某带着马某利等人前往。刘某健不放心，给律师朱某利打电话咨询，被告知别做出格违法的事就行，刘某健为了保护郭某、控制事态，又随后追了上来。多名被告证实，当时是郭某司机开车，郭某坐副驾驶在前面带路，因为刘某健等人车开得慢，郭某4人还在服务区等了刘某健等人两次。

第四阶段：入住宾馆（24时至次日5时）。入住宾馆仍然是郭某提出的，并且是郭某办理入住手续。由于人多、房间少，刘某健自己一个房间，导致其他房间"人满为患"，有人和郭某一个房间是符合情理的。整个过程是郭某在主导事情的发生、发展。郭某始终有司机在旁，始终有手机在手，最后也是郭某用自己的手机要求经理报警。

二、持续时间不满足法定立案标准

本案中出警的具体时间应以郭某公司经理李某峰和出警单位工作说明为准（在两组证据互相矛盾的情况下，存疑有利于被告人）。李某峰明确证实，郭某是凌晨2时许给其发信息，要求其报警，李某峰立刻报警，"报警后约10分钟，警察就到了宾馆楼下，把人带到派出所"。但卷宗中其他被告人的供述，大多称去派出所的时间是凌晨4、5时。证据间存在矛盾。辩护律师认为，作为报警人，李某峰的证言更加可信：一是其关于报警及出警经过的证言是其直接感知的事实。二是其必然紧密关注警方是否到达、何时到达，因为这关系着郭某的安危。三是如若警方迟迟不到，李某峰出于对郭某安危的不确定状态的担忧，必然会继续拨打报警电话直至警方出警。但并没有这些事实发生。四是李某峰报警后，警方立刻出警的证言更为客观、真实、可信，也更符合110出警的惯例，与出警单位关于"接警后立刻出警"的工作说明相互印证。"市区出警10分钟，郊区出警路途时间加5分钟"是很早就开始宣传的110承诺，以保障人民群众的生命安全。报警后3小时出警，不符合出警常识。

除去在郭某办公室的时间和110出警后的时间，郭某与刘某健等人"在一起"的时间仅是17时至次日凌晨2时许，为9小时，其中还有19时至24时之间5个小时的在途时间。郭某全程乘坐自己的车，由自己的司机开车和陪伴，有手机同外界随时保持联络，全过程各环节都由郭某决定和主导。

第五部分　关于"恶势力"团伙

扫黑除恶专项斗争是保障人民群众生命财产安全的重大举措，但是，黑恶势力不仅是党和国家严厉打击、从重处罚的严重犯罪，而且是对被告人政治立场的彻底否定。黑恶犯罪的认定，必须坚决依法，严把法律适用关。

2019年7月20日，时任最高人民检察院检察长张军在大检察官研讨班上提到，"省级检察院要落实涉黑案件和重大涉恶案件统一逐案把关的要求，对案件质量负总责，切实做到'是黑恶犯罪一个不放过、不是黑恶犯罪一个不凑数'"。[1]《最高人民法院、最高人民检察院、公安部、司法部关于办理恶势力刑事案件若干问题的意见》（以下简称《恶势力意见》）第二条规定：人民法院、人民检察院、公安机关和司法行政机关要严格坚持依法办案，确保在案件事实清楚，证据确实、充分的基础上，准确认定恶势力和恶势力犯罪集团，坚决防止人为拔高或者降低认定标准。

一、既认定双方有经济纠纷，又指控本案构成"恶势力"团伙自相矛盾

《恶势力意见》第五条规定，因合法债务纠纷而引发以及其他确属事出有因的违法犯罪活动，不应作为恶势力案件处理。郭某、柳某分别坐拥多家公司，巨额借款是为了生产经营、投机投资。在案发时的债权债务关系中，刘某健才是被害人。

二、本案不具备恶势力犯罪的各项特征

1. 不具有雏形特征。《恶势力意见》明确规定，恶势力是"尚未形成黑社会性质组织的违法犯罪组织"，即处于由小到大、由弱变强，逐渐向黑社会性质组织发展的过程中的一种有政治目的的犯罪团伙形态，因此要"打早打小"，将黑社会性质组织"扼杀在摇篮中"。涉案行为发生于2013年至2015年。从2015年5月非法拘禁事件至庭审之日，刘某健不仅没有与涉案其他被告人有过往来、交集、见面，而且也没有过违法事实，足以证明行为人不具有坐大成势、称霸一方的反党反社会的政治目的，不具有黑社会性质组织的雏形特征，不构成恶势力犯罪。

2. 不具有恶势力犯罪的区域性、行业性特征。涉案五起事实发生在四地，显然不符合恶势力的区域性特征；涉案事实皆由债权债务引发，也不涉及特定行业。

3. 不具有为非作恶、欺压、残害百姓特征。本案被害人为特定的债务人，S国际商城的围挡行为，均是针对空铺进行，商户均证实没有驱赶、殴打侮辱等行为。

---

1 徐盈雁：《"破题"后如何"解新题""答难题"——张军检察长在大检察官研讨班上的讲话解读》，载最高人民检察院官网，https://www.spp.gov.cn/zdgz/201907/t20190720_425683.shtml。

商城女会计李某琴曾斥责在商城吃喝打牌的被告人等，被回以"你是女的，不跟你一般见识"，可见被告人等并未借故生非，行为克制。行为人只有收回、看守商铺的目的，未牵涉无关人员。旅店寻衅滋事事件中，高某国有不礼貌行为，被马某利及时制止。全案没有任何肢体上的接触和对任何不特定人的人身冒犯。

三、各被告人之间不具有"恶势力"团伙的各项特征

本案各被告人之间不具有"恶势力"团伙的松散组织性、相对稳定性、团伙利益性特征，刘某健不是"恶势力"团伙共同犯罪的主犯，其他被告人也不是恶势力犯罪团伙的成员。

1. 绝大多数被告人不认识刘某健、马某利，且被告人之间互不认识。根据《恶势力意见》第六条，经常纠集在一起共同实施违法犯罪的认识、故意和行为，是构成"恶势力"团伙的基本条件。而本案中，除与刘某健具有亲属和员工关系的马某利，以及只见过一面的高某巍，刘某健与其他9名被告人相互均不认识。在S国际商城围挡铺面事件中，其他被告人连马某利也不认识，并且不知道事件与刘某健、马某利有关，无法形成与刘某健、马某利的犯意联络进而构成共同犯罪，不可能具有参加刘某健"恶势力"团伙的认识和意志。

2. 绝大多数被告仅偶然参与一次涉案事实。《恶势力意见》第六条规定："……仅因临时雇佣或被雇佣、利用或被利用以及受蒙蔽参与少量恶势力违法犯罪活动的，一般不应认定为恶势力成员。"2015年至今，刘某健、马某利及各被告人相互之间再无其他交往，不具有"恶势力"团伙的组织性、稳定性和经常纠集性。

3. 不具有社会危害特征。本案所谓寻衅滋事犯罪事实中，客观危害结果全凭举报人柳某、郭某及其亲属、员工证实，证实内容既没有任何客观性证据相印证，也不符合常情常理。S国际商城不是合法经营，郭某旅店停业两个月无客观证据证明且不合情理，与涉案行为因果关系不清，粮库堵门事件为莫须有事件，置换车辆和非法拘禁没有造成危害后果。

4. 没有共同的团伙利益。全部涉案事实均为索取个人债务，参与人没有从中获得任何利益，即涉案行为不是为团伙利益进行。

四、不能将行政违法行为拔高认定为黑恶犯罪

"恶势力"团伙的违法犯罪事实应当在起诉书中予以列明,"作为认定恶势力的事实依据"供法院综合审查,但必须对是违法还是犯罪的性质,根据罪刑法定原则进行严格区分。

第一,构成恶势力犯罪的违法犯罪事实中,至少要有 1 次行为构成犯罪。这 1 次犯罪行为当然要严格依据罪刑法定原则认定。符合构成要件该当性,符合立案标准。

第二,单次不构成犯罪,累加构成犯罪的,可计为 1 次犯罪活动。比如,单次不满足 24 小时立案标准的非法拘禁行为不构成犯罪,但非法拘禁他人 3 次满足立案标准,本案不符合该标准。

第三,违法行为不能认定为犯罪行为,"单独计算违法活动的次数"。违法行为应当同犯罪行为区别开来,是单独计算"违法活动"的次数,而不是将违法活动拔高为犯罪行为。

第四,恶势力违法犯罪行为中,超过处理时效的行政违法行为,"不得重新追究法律责任"。应当遵守《治安管理处罚法》第二十二条第一款"违反治安管理行为在六个月内未被发现的,不再处罚"的时效规定。

起诉书认定的所谓"犯罪"行为:寻衅滋事"罪"、强迫交易"罪"、非法拘禁"罪",依法均不构成犯罪。不能将行政违法行为拔高认定为"黑恶犯罪"予以追诉。

作为一名民营企业家,刘某健的公司内新老员工达到百余人。刘某健还具有较强的法律意识,常年聘请两名法律顾问,重大事项都会咨询律师意见;郭某、柳某也都证实,每次签署欠条时会有刘某健的律师在场。刘某健不具有违法犯罪的违法性认识。

而郭某、柳某身负多重债务,多次被列入失信名单。反而是郭某、柳某的众多债权人,多数都血本无归。合法债务不是违法犯罪的护身符,合法追索债务的行为也不应该被拔高认定为犯罪。

此外,辩护律师还依法邀请著名刑法学专家为本案辩护工作进行指导,出具了专家论证意见书,论证意见如下:

第一，刘某健等人在主观上是为了催讨合法债务，在客观上行为未造成严重的社会危害后果，情节轻微，因而不构成寻衅滋事罪。

第二，刘某健等人与郭某在去赤峰取公章的过程中，没有以拘押、禁闭或者其他强制方法，违背郭某意志，非法剥夺其人身自由，因此，不能认定刘某健等人的行为构成非法拘禁罪。

第三，缺乏确实、充分的证据来证实刘某健让柳某与自己置换车辆抵债，现有证据不能表明刘某健等人对柳某有暴力、威胁的强迫行为，因而不能认定刘某健等人构成强迫交易罪。

第四，刘某健等人是单纯地为了牟取经济利益而实施民间借贷活动及催讨行为，仅针对欠债的个别人，不针对社会公众，没有破坏社会秩序，不具有恶势力犯罪"为非作恶、欺压百姓"的行为特征，不应作为恶势力犯罪案件处理。

辩护要点

庭审之后，公诉机关针对辩护律师关于辨认笔录的质证意见补充提交了 13 份侦查机关出具的《情况说明》，声称相关"职业见证人""没有参与案件的侦查工作"，不影响辨认笔录的效力；没有见证人是"当事人要求保密"。不能提供辨认过程的同步录音录像，因为"辨认是在侦查机关办案区进行，不方便、灯光太暗"。

辩护律师指出，公诉机关提交的 13 份《情况说明》恰能确实、充分地证实本案辨认笔录的取证过程存在违法情况，不能作为证据使用。2012 年《最高人民法院关于适用〈中华人民共和国刑事诉讼法〉的解释》第六十七条（现第八十条），2012 年《公安机关办理刑事案件程序规定》第一百九十四条、第二百五十二条、第二百五十三条（现第一百九十九条、第二百六十一条、第二百六十二条），《公安机关执法细则（第三版）》第二十四章辨认第 24-03 条准备辨认中，都明确规定了下列人员不得担任刑事诉讼活动的见证人：行使勘验、检查、搜查、扣押等刑事诉讼职权的公安、司法机关的工作人员或者其聘用的人员。由于客观原因无法由符合条件的人员担任见证人的，应当在笔录材料中注明情况，并对相关活动进行录像。

《公安机关执法细则（第三版）》第五章执法场所第5-03条办案区中规定：办案区应当安装可覆盖全区域内外且具有数据存储功能的电子监控设备，区域内光照亮度应当满足监控要求。

2012年《最高人民法院关于适用〈中华人民共和国刑事诉讼法〉的解释》第一百零八条（现第一百四十二条）第一款规定，对侦查机关出具的被告人到案经过、抓获经过等材料，应当审查是否有出具该说明材料的办案人、办案机关的签名、盖章。

根据上述规定：

第一，侦查机关办案区不具备依法见证、同步录像的条件，属办案区设置违法，请检察机关依法履行监督职责督促纠正，不能保证辨认的真实性、客观性的，辨认笔录不得作为定案依据。

第二，办案单位与其工作人员具有管理与被管理的直接利害关系，且辨认笔录不得以办案单位工作人员为见证人"自己见证自己"为法律明文规定，不得有任何例外，与是否参与案件办理无关。

第三，无适格见证人必须有同步录音录像，否则不能保证辨认的真实性；无适格见证人且无同步录音录像的辨认笔录不得作为定案依据为法律明文规定，不得有任何例外。

第四，侦查机关的《情况说明》共13份，均无办案人签名，侦查机关作为拟制主体，不具有证明资格，其《情况说明》无证据效力。

见证的目的是提高辨认过程的合法性、真实性和辨认结果的客观可靠性，提高辨认笔录的可信度。见证人应当具备有关辨认的基本知识，办案人员应当在辨认通知时告知见证人有关本次辨认的基本情况。见证人，是指与案件无关、具有完全行为能力、见证侦查人员或者办案的人民警察执法行为的自然人。人民警察、公安机关其他工作人员和其他辅助公安机关工作的人员不得作为见证人。如果辨认过程有见证人在场，或者对辨认过程进行了录像记录的，侦查人员可以补充制作辨认笔录或者完善辨认笔录中的辨认过程部分，并由侦查人员、辨认人、见证人签名，补正后的辨认笔录可以作为证据使用。如果辨认过程没有见证人在场，也未对辨认过程进行录像记录，则应当说明理由。如果理由不成立，则不能作为证据使用。

公安机关执法办案中心是侦查活动的法定场所之一，侦查行为更应严格依法、规范进行，其既不属于"特定场所"，也不是没有见证人或以公安机关工作人员为见证人的理由。在辨认人不愿意公开身份的情况下，可以在不暴露辨认人的前提下进行，但仅限于对犯罪嫌疑人的辨认，且仍必须有见证人。公安机关其他工作人员不得担任见证人，没有任何例外。辨认过程必须同步录音录像。既没有见证人，也没有同步录音录像，则辨认过程和结果的真实性、合法性、客观性无法审查，不能确认。

无罪辩护典型案例裁判要旨

【典型案例 1】（2015）乌勃刑初字第 1 号

裁判要旨：郭某某向农行海勃湾支行贷款时符合汽车贷款 100 万元的相关条件，同时郭某某提供了自己的房产证明及宁夏某物流园一套房屋的租赁合同一份，年租金 35 万元；海勃湾区某街道的两间房屋，年租金 16 万元。虽然租赁合同是虚假的，但贷款时该房产还属于郭某某夫妇所有，并有李某某的某货运汽贸公司作为保证人，对银行的该笔贷款负有连带保证责任。100 万元的贷款既有人保又有物保，郭某某没有按约定周期还贷，将抵押物卖掉，是违反合同约定的，属于民事纠纷，郭某某实施贷款行为时主观上没有非法占有的目的，其行为不构成贷款诈骗罪。

【典型案例 2】（2016）苏 05 刑终 77 号

裁判要旨：经查，借款人郑某某与苏州银行于 2014 年 1 月 28 日签订的"养蟹"贷款合同系 2013 年度"养蟹"贷款的续贷合同，贷款原始发放时间均在 2013 年 2 月、4 月或更早。办理续贷手续时，并未要求借款人出具养殖螃蟹的证明。且苏州银行明知该贷款的实际用款人为郑某某，故不存在苏州银行陷入认识错误而处分财产的情况，郑某某不构成贷款诈骗罪，原判决认定上诉人郑某某犯贷款诈骗罪不当，本院予以纠正。

【典型案例 3】（2015）乐刑终字第 9 号

裁判要旨：原审被告人帅某在侦查机关共有 6 次供述，侦查人员讯问中均未问及帅某是否知道方某是无证经营，帅某供述在方某店里工作两个月，其工作是帮方某在物流公司取货，为方某打款给外地卖家，运送卷烟到网吧、茶楼、烟摊，原审被告人帅某系方某的雇员，其在日常工作中，见过烟草专卖部门向方某配送烟草制品并进行走访，且作为雇员，其没有对方某有无烟草专卖零售许可证进行审核的义务，证明帅某具备非法经营共同犯罪所要求的"明知"方某无烟草专卖零售许可证的证据达不到确实、充分的程度；原审被告人王某出于朋友关系，帮助方某从外地购烟草制品，未参与经营与谋利，且也曾见到烟草专卖部门向方某配送烟草制品，并进行走访，无充分证据证明王某具备非法经营共同犯罪所要求的"明知"被告人方某无烟草专卖零售许可证的主观故意，原审被告人帅某、王某的行为不属于司法解释规定的"共犯"情形，不构成非法经营罪，抗诉机关的抗诉理由不成立。

【典型案例 4】（2017）川 07 刑终 103 号

裁判要旨：原审被告人陈某甲具有违反相关法律规定进行生猪买卖、屠宰行为，但本案认定陈某甲购买和销售生猪及"边口"的数量仅有单方言词证据，且认定其非法经营数额的鉴定意见的基础材料来源于三台县食品药品和工商质监管理局根据对易某某、刘某乙、武某某、宋某甲、刘某甲询问进行统计后得出的陈某甲销售生猪产品（边口）的总重量，因该送检材料本身的真实性缺乏其他证据印证，故以此为据所得鉴定结论的客观性必然存疑，且该鉴定意见的鉴定程序不符合《刑事诉讼法》的相关规定，故对该证据不予采信。据此，本案在案现有证据不能达到确实、充分的证据标准，原公诉机关指控原审被告人陈某甲构成非法经营罪的证据不足，罪名不能成立。

【典型案例 5】（2017）内 08 刑再 1 号

裁判要旨：原判决认定的原审被告人王某某于 2014 年 11 月至 2015 年 1 月，没有办理粮食收购许可证及工商营业执照买卖玉米的事实清楚，其行为违反了当时的国家粮食流通管理有关规定，但尚未达到严重扰乱市场秩序的危害程度，不具备与《刑法》第二百二十五条规定的非法经营罪相当的社会危害性和刑事处罚的必要性，不构成非法经营罪。原审判决认定王某某构成非法经营罪适用法律错误，检察机关提出的王某某无证照买卖玉米的行为不构成非法经营罪的意见成立，原审被告人王某某及其辩护人提出的王某某的行为不构成犯罪的意见成立，本院均予以采纳。

【典型案例 6】（2016）黑 0321 刑初 15 号

裁判要旨：被告人李某某系依法登记的鸡东县某达煤矿的投资人，该煤矿经工商登记为个人独资企业，至今没有企业登记机关将该煤矿登记为合伙企业，发给合伙企业营业执照。因此，该煤矿不是合伙企业。即使某源公司按照约定实际"入股"，双方也只是根据约定对煤矿的盈亏按协议约定的"入股"比例进行分配，不能改变煤矿的所有权性质。李某某是个人独资企业的投资人，依照相关法律规定，个人独资企业投资人对本企业的财产依法享有所有权，其有关权利可以依法进行转让或继承。所以，本案不存在李某某侵占其自己所有的某达煤矿财产的情形，虽然与他人有投资约定，但仍不能对抗法律规定即该企业经过法定程序注册登记为"个人独资企业"的法律事实。另外，职务侵占的对象是本单位的财产，而侵占合伙人的股权并非本单位的财产，也就是说，如果将股权视为广义上的财产，某源公司以合伙人的身份入股某达煤矿，某源公司在某达煤矿的股权也是某源公司的私有财产，如果侵占，也是侵占他人财产，而非某达煤矿的财产，何况李某某在某源公司并没有任何职务。

【典型案例 7】（2016）黑 01 刑再 8 号

裁判要旨：被告人孟某某始终不供认其为某盟公司员工，案卷中没有孟某某受聘于某盟公司的聘书或协议，亦没有孟某某在某盟公司领取工资的签名、工作中的签字等书证予以佐证。虽然某盟公司提供了 2005 年 3 月至 2006 年 12 月的工资支付明细表，但该明细表中只有"孟某某"名章，无孟某某本人签字，且为复印件，不能作为证明孟某某为某盟公司营业员的证据，故原审认定被告人孟某某为某盟公司营业员、某盟公司北京分店负责人的事实不清，证据不足，依据本案现有证据不能认定孟某某构成职务侵占罪。

【典型案例 8】（2017）黑 07 刑终 7 号

裁判要旨：关于检察机关指控及原审法院认定程某某犯职务侵占罪的相关证据存在瑕疵，未予审计程某某个人财产是否与某木业公司资金存在混同的情况。

【典型案例 9】门检公诉刑不诉〔2018〕21 号

不起诉理由：2016 年 8 月，张某因儿子结婚向李某借钱。李某答应为其借钱，张某则答应将其轿车借给李某。李某驾驶轿车到其父母家借钱未果，在回来的路上将轿车变卖，后携款到外地打工。李某起初并未以虚构事实或隐瞒真相的方法取得被害人张某的轿车，后来虽在主观上转化为以非法占有为目的的故意，但其综合行为不符合诈骗罪的特征，不构成诈骗罪，决定作出不起诉决定。

【典型案例 10】川成双公诉刑不诉〔2018〕5 号

不起诉理由：2017 年 6 月，被不起诉人李某某将某房屋以 30 万元的价格卖与冯某，后冯某发现该房屋并非李某某所有，遂报警。经查，2016 年 9 月，李某某和温某协议离婚，约定该房屋归温某所有。诈骗犯罪中非法占有故意的认定，如果夹杂着合同纠纷、经济纠纷等因素，则要谨慎。在法律上谁登记谁有相应的所有权，私下的约定不能对抗第三人，对外订立买卖合同，可能涉及合同纠纷等民事诉讼，并不能当然认为是非法占有的故意。

【典型案例 11】浦检公诉刑不诉〔2017〕4 号

不起诉理由：陈某某（已判决）谎称其可以托关系帮被害人祝某某亲戚办理牙科诊所医疗机构许可证，并以请托送礼的名义从祝某某处骗取 3 万元等财物。此后，陈某某在被害人祝某某催问其许可证办理情况时，为使骗局不被识破，指使金某某冒充领导意图继续获取祝某某信任。陈某某在诈骗被害人祝某某财物之前，与被不起诉人金某某无共谋，金某某系在陈某某诈骗犯罪既遂以后才参与实施欺骗行为，与陈某某不成立诈骗共犯。

在认定是否具有非法占有故意的时候，并不是凭借借款理由是否真实来判断，需要根据借款的用途，借款后的表现情况等综合判断。被不起诉人田某某归还 90 万元，且其借款实际用途及不能归还贷款的原因表明其不具有非法占有他人财物的主观故意，没有犯罪事实。

【典型案例 12】并小检公刑不诉〔2017〕2 号

不起诉理由：任某某与被害人马某某签订其伪造的《阳泉市某煤矿废旧物资处理合同协议书》，并以要给相关领导好处为由，向马某某索要 15 万元的好处费。2016 年 4 月，任某某安排牛某某假扮货车车主，编造理由向马某某多次拖延拉货时间。

牛某某客观上虽然实施了冒充货车车主，并按照任某某的安排向被害人编造理由拖延拉货时间的行为，但其主观上对任某某以卖废旧物资为由诈骗被害人并不知情，对诈骗被害人 15 万元的事同样不知情。牛某某的行为不构成犯罪。

【典型案例 13】（2019）冀刑再 4 号

裁判要旨：原审被告人韩某某以某电力工程队名义与某单位签订包工包料施工合同，并按照合同约定完成了施工合同。韩某某履行合同的过程分为两个阶段：第一个阶段是其按照合同约定，包工包料对某单位宿舍供电线路进行施工改造，韩某某并未将电业局提供的材料编入与某单位签订的施工合同预算内，也未无偿使用电业局免费提供的电力材料，不存在隐瞒真相，骗取、占有电业局电力材料款的情形。第二个阶段是韩某某施工完毕后，因未使用电业局提供的电力材料，不符合电业局要求，电力部门拒绝验收。韩某某遂通过杨某协调，向电业局交纳84500 元安装费，拆掉自行购置的材料，改用电业局提供的材料重新安装后通过电业局验收。韩某某按照电力部门的要求返工后，也未再向某单位另行收取施工费用。从上述施工过程看，韩某某所收取的某单位施工款，系其依照合同约定应当收得的合同对价，其不存在故意隐瞒"一户一表"电网改造工程中原材料由电业局无偿提供，并非法占有 265438 元免费材料款的情形。因此，原审判决认定韩某某犯合同诈骗罪的事实不清，证据不足，适用法律错误，应予纠正。

【典型案例 14】（2018）吉 05 刑抗 1 号

裁判要旨：原审被告人王某某借款的目的是用于缴纳土地出让金；在借款到期后，其又用公司资金及其他房产作为重新置换抵押；案发后其将借款及利息归还债权人，并取得了债权人的谅解，亦未逃匿。王某某主观上无非法占有的故意，客观上亦无犯罪行为。

【典型案例 15】（2019）皖 1302 刑再 4 号

裁判要旨：相某公司与兴某公司签订《煤炭买卖合同》后，相某公司员工李某飞积极预订车皮计划等，并办成车皮计划一列，履行了部分合同义务。而且，相某公司实际经营者，李某飞之兄李某东与某海公司的《股权转让及合作协议》，能证明李某东、李某飞并未冒用某海公司的名义与兴某公司签订合同。原审被告人李某飞无罪。

【典型案例 16】珠斗检公诉科刑不诉〔2019〕34 号

不起诉理由：刑法意义上的卖淫是指卖淫人员为获取金钱或者财物以及其他利益，与不特定的人发生性关系的行为。对于提供"口交""手淫""胸推"等色情服务的行为，在现行法律和司法解释未作出明确规定的情况下，应遵循罪刑法定原则和刑法的谦抑精神，不宜认定为刑法上的卖淫行为，而应依照相关的行政法规予以处罚。故被不起诉人方某某的行为不构成犯罪。根据《刑事诉讼法》第一百七十七条第一款的规定，决定对方某某不起诉。

【典型案例 17】（2018）川 07 刑终 346 号

裁判要旨：一审中上诉人陈某的辩护人已提出血样无低温保存证据的辩解意见，江油市人民检察院并未补正，二审中出具的江油市公安局交通警察大队关于抽取、编号、保存、送检血样的记录表格，据该表格中时间节点、人员信息、血管编号等信息的核实，系此次侦查实验的情况，不是上诉人陈某的血液保管的情况说明；根据《刑事诉讼法》第一百三十五条之规定，侦查实验须得到公安机关负责人批准，还应当写成笔录，由参加实验的人签名或者盖章，本案侦查实验不符合法律规定，对其结论本院不予采信。本院认为：上诉人陈某饮酒后驾驶机动车并发生交通事故，应当以血液酒精检验鉴定意见作为认定其是否构成危险驾驶罪的依据。但本案中，提取上诉人陈某血样时使用了含醇类的药品对皮肤进行消毒，违反国家标准《车辆驾驶人员血液、呼气酒精含量阈值与检验》中 5.3.1 "抽取血样应由专业人员按要求进行，不应采用醇类药品对皮肤进行消毒"之规定，且血样的保存、送检程序不符合国家质检总局国家标委会《车辆驾驶人员血液、呼气酒精含量阈值与检验》以及公安部《关于公安机关办理醉酒驾驶机动车犯罪案件的指导意见》的规定，血样收集不符合法定程序，可能严重影响司法公正，且未能补正或者作出合理解释，对该血样酒精含量作出的鉴定意见不得作为定案依据。公诉机关指控上诉人陈某为构成危险驾驶罪的证据不足、指控的犯罪不能成立。上诉人陈某无罪。

【典型案例 18】（2016）粤刑终 321 号

裁判要旨：2013 年 12 月 26 日 16 时许，上诉人陈某某受同案人周某某（另案处理）的雇请，驾车搭载庄某某的朋友即同案人庄某某（另案处理）前往广东省惠来县东港镇某村。当天 20 时许，一名身份不明的男子携带一个纸箱和一个布袋来到停车的位置，并将该纸箱和布袋放进车的后排座位。随后，陈某某驾车搭载庄某某返回普宁市，在途经广东省汕尾市华侨管理区某路段时，被公安机关设卡拦停，庄某某开枪击伤民警后逃离现场。民警当场控制住陈某某，并在陈某某驾驶的汽车后排座位查获含量为 65.71% 的毒品甲基苯丙胺（俗称"冰毒"）14047 克。上诉人陈某某在侦查、审判阶段作过多次供述，后翻供，明确指出出庭说明情况的侦查人员麦某某、周某某对他实施了殴打行为。经核对，审讯录像显示录音录像不连贯，并非全程录音录像；陈某某在整个审讯过程中处于非常疲劳的状态；录像中陈某某称"自己是清白的"，没有供述他主观上明知或者怀疑同案人庄某某携带的是毒品或违禁物品，而文字笔录中则记载着陈某某称"我有所怀疑车上的货是可疑违禁物品，在返回的路上我也会紧张"；陈某某在阅读笔录，要求修改笔录时，录像传出责骂的声音，随后录像中断。录像再次恢复时，已是录制的最后一秒，显示陈某某在签名。本院决定在二审庭审中启动证据收集的合法性调查程序，并依法通知三名参与审讯的侦查人员林某、麦某某、周某某出庭说明情况，三名侦查人员均当庭陈述称对陈某某的审讯都是依法依规进行，而对于为何出现录音录像里陈某某的供述与对应的讯问笔录记载的内容不一致的情况，三名侦查人员则称时间太长，忘记了。本院认为，陈某某在侦查阶段所作有罪供述的合法性存疑，本案不能排除存在侦查机关以非法方法收集证据的情形，故依法应当对陈某某在侦查阶段所作有罪供述予以排除。在本院排除了陈某某在侦查阶段所作的有罪供述的情况下，认定陈某某的主观故意只能依靠其他的证据予以证实，不能证实陈某某主观上有参与运输毒品的故意。原审判决认定上诉人陈某某犯运输毒品罪的事实不清，证据不足，依法应当予以撤销。上诉人陈某某无罪。

【典型案例 19】（2015）新密刑初字第 161 号

裁判要旨： 范某在 2010 年 3 月与黄某等人达成协议，黄某支付范某 350 万元，范某将郑州某公司转让并将公司公章、营业执照等手续移交给黄某等人。2013 年 2 月范某又与黄某等人达成协议，协议约定范某支付黄某等人 860 万元，黄某将公司印章、营业执照等相关手续移交给范某，但该协议最终未能履行。后范某于 2013 年 9 月用伪造的公司印章又与张某的河南某公司签订开采协议，但未履行。范某系公司的法定代表人，伪造公司印章签订合同并未产生危害后果，犯罪情节轻微，不需要判处刑罚，依法可对其免予刑事处罚。依据《刑法》第二百八十条第二款、第六十七条第三款，第三十七条之规定，判决被告人范某犯伪造公司印章罪，免予刑事处罚。

【典型案例 20】（2019）闽 0725 刑初 89 号

裁判要旨： 首先，案发地点在 KTV 二楼安全门处，系半开放、未封闭场所，当时有人从三楼楼道经过，被害人张某某均没有呼救，也没有试图冲出楼道向他人求救；张某某当晚有喝酒，但没有证据证实其处于醉酒状态。其次，二人在二楼与三楼间转角处和二楼安全门处停留时间约 50 分钟，发生性关系前，被告人李某某有搂抱、抚摸、亲吻张某某，张某某也有回应被告人，虽也有拒绝，但未作明显反抗，事后亦明确表示搂抱、抚摸、亲吻是可以接受的。最后，两人发生性关系前，张某某裤子的纽扣掉了，李某某还把纽扣捡起来，放到张某某的口袋，当时张某某也未试图离开。当被告人用背立式的方式与张某某性交时，张某某没有用言语表示拒绝，没有求饶、指责，也没有采取呼救等其他方式反抗。对于案发后被害人陈述"不是自愿与被告人发生性关系"的情况，公诉机关认为应以被害人的陈述作为定案依据。本院认为被害人的陈述只有经过查证属实才能作为定案依据，考量被告人的行为是否违背被害人意愿，应根据案件发生时被害人的主观心理状态加以判断。从案发场所，案发时被告人和被害人的言行、性交姿势等来看，在案现有证据不足以证实被告人李某某有使用暴力、威胁手段或其他方法，在致使被害人不知反抗、不能反抗、不敢反抗的情况下强行与被害人发生性关系。被害人对手机是否被被告人夺走的陈述存在前后矛盾的地方，被告人对被害人陈述有夺走其手机的行为予以否认，公诉机关未提供其他证据佐证，故不予认定。本案发生后，张某某有手机，没有在第一时间报警，而是回到包厢后，将情况告知其友人黄某，黄某后报警。在案证据无法确定在当时的情况下，报警是不是张某某的真实意愿。关于公诉机关提出的张某某系未成年人，性认知能力差的意见，本院认为，案发时张某某差两个月满十八周岁，公诉机关未提供证据证实被害人不具有辨别是非、控制自己行为的能力，且在此前，其有交过男朋友，有过性经历，不能以此认定被害人的性认知能力差。对公诉机关的该公诉意见，不予采纳。本院认为，公诉机关指控被告人李某某犯强奸罪，证据不足，指控的犯罪不能成立。判决被告人李某某无罪。

【典型案例 21】（2016）粤 07 刑再 1 号

裁判要旨：刘某某始终否认收受余某赂送的现金 50 万元。证人江某作为公司的股东，是听余某说起两次送钱给刘某某的事实，其证言属于传来证据，不能作为认定事实的依据。而两张记账凭证没有制单人签名，无法核实该两笔款项的来源、去向，该两张凭证所记录的金额（23 万元和 31 万元）与余某供认赂送刘某某的金额（20 万元和 30 万元）不相符，且只能证明余某曾支出该两笔费用，但无法证明刘某某收受该两笔款项。故本案指证刘某某收受贿赂款的证据只有行贿人余某的证言，属于孤证，并不足以认定刘某某收受贿赂款的事实。经再审要求补充调查亦无法补强证据。综上，公诉机关指控刘某某犯非国家工作人员受贿罪的证据比较单薄，存在瑕疵，未能形成完整的证据链，未能达到刑事证据排他性、唯一性的要求。判决宣告被告人刘某某无罪。

【典型案例22】（2016）皖1602刑再字第2号

裁判要旨：案发前原审被告人苏某某与被害人郑某并不认识，其对被害人的健康状况亦不了解。案发时，苏某某也未与被害人发生激烈厮打，仅仅是推了被害人一下，苏某某的行为在客观上虽然与被害人死亡的结果具有一定关联性，但其主观上不存在致被害人死亡的故意或过失，被害人死亡的根本原因系陈旧性心肌梗死、冠状动脉粥样硬化引起的急性心力衰竭死亡，生前与他人发生争执时争吵、情绪激动、外伤、体力活动增加等因素只是其急性心力衰竭死亡的诱发因素，原审被告人苏某某对被害人死亡结果的发生是不能预见的。对出庭检察员的出庭意见，本院不予采纳。原审被告人苏某某无罪。

【典型案例23】（2020）甘0403刑初45号

裁判要旨：李某某与妻子金某某存在感情问题，事发当日金某某乘坐被告人王某驾驶的车辆从平川区返回海原县，李某某进行追赶和拦截。李某某在拦截过程中爬到了引擎盖上并使用工具砍破正对着驾驶室位置的前挡风玻璃。此时王某驾车逃离，摆脱引擎盖上的李某某，其行为符合正当防卫中的为使人身权利免受正在进行的不法侵害，而采取的正当防卫行为。李某某在拦截王某的车辆时采取危及王某及乘车人员生命安全的暴力行为，王某驾车逃离致李某某从车上滑落造成重伤二级，王某的正当防卫行为未超出必要限度。被告人王某无罪，亦不承担民事赔偿责任。

【典型案例24】（2017）浙03刑再2号

裁判要旨：原裁判认定原审被告人杨某某因琐事纠纷而纠集原审被告人刘某某等人，于2014年2月27日晚上在某KTV殴打徐某的事实清楚。但此后徐某等人用他人顶替、冒用其名的方法先后于3月11日、3月14日到市中心医院、附属医院拍摄肋骨多发骨折的CT片，作为其伤势鉴定的检材，提交给公安局物证鉴定室进行伤势鉴定。原裁判认定原审被害人徐某的伤势为轻伤的事实错误，判决的罪名不成立,原审被告人杨某某、刘某某等人的行为不构成犯罪,依法应予改判纠正。原审被告人杨某某、刘某某无罪。

【典型案例 25】(2020) 豫 14 刑终 425 号

裁判要旨: 第一,关于杨某某上诉及辩护人辩称杨某某没有虚构事实、隐瞒真相的问题。经查,李某购买林某的股份,是基于杨某某介绍卖给李某的东方新区及商贸城项目,该项目是客观存在的,李某转款前亲自到该项目实地考察后才确定购买。即使杨某某隐瞒了他和林某的关系,也不属于诈骗犯罪所要求的虚构事实手段,该交易股权是客观存在的,交易过程自然、内容真实、价格公认。再者,林某也确实在杨某某名下持有暗股,杨某某将林某持有的暗股转售给李某是林某认可的。该上诉理由及辩护人意见成立,予以支持。第二,关于杨某某上诉及辩护人辩称杨某某不具有非法占有的故意,不构成诈骗罪的问题。经查,根据胡某与杨某某签订的《关于某镇东方新区及商贸城项目合作协议书》,胡某、杨某某同意对该项目建设投资,总投资为 1500 万元;胡某出资 1000 万元,占 66.66%,杨某某出资 500 万元,占 33.33%。杨某某最后出资 600 余万元,完成了应出资的比例,李某购买股份后多次到工地了解情况,与胡某多次接触,胡某认可李某在杨某某名下持有暗股。胡某与杨某某之间产生纠纷时,镇政府工作人员组织座谈,座谈纪要上政府工作人员、胡某代理人、李某、杨某某等人参与并签名,说明李某承认杨某某把钱转入该项目。杨某某收取股金后如何使用是其与林某之间的事,不构成诈骗罪。该上诉理由及辩护意见成立,予以采信。上诉人杨某某无罪。

【典型案例 26】(2017) 湘 0202 刑初 424 号

裁判要旨: 侦查机关在被告人佐某某的租房厕所内,发现死者阿某某的尸体属实。据被告人佐某某的多次供述,阿某某生前与佐某某先后吸食冰毒、麻古、海洛因等毒品。但庭审中,对死者阿某某的死因,公诉机关未提供现场勘查笔录及死者阿某某的尸检报告这两项关键证据予以佐证,即公诉机关认定死者阿某某生前是否吸食毒品的证据不足。故公诉机关对被告人佐某某提供场所容留他人吸食、注射毒品，造成一人死亡的严重后果的指控证据亦不足。被告人佐某某无罪。

【典型案例 27】（2019）陕 01 刑终 897 号

裁判要旨：现有证据认定蔡某某虚构事实的证据不足，且本案赃款去向不明，不能证实蔡某某主观上具有非法占有他人财物的目的，故认定蔡某某构成诈骗罪的事实不清，证据不足。本案公安机关调取在案的蔡某某银行账户虽控、辩双方均未在原审庭审中出示，法庭亦未组织控、辩双方进行质证，但该证据系侦查人员依法取得，取证程序合法，内容客观真实，且该证据仅是对证人洪某的证言和原审被告人蔡某某供述与被害人靳某原有经济往来的印证，并非本案事实认定的根据，该证据的使用也并未影响本案的公正审判。驳回抗诉，维持原判。

【典型案例 28】（2020）晋 01 刑终 54 号

裁判要旨：侦查机关调取的共享单车行程路线图及截图证实，2017 年 9 月 12 日 4 时 6 分 21 秒至 4 时 7 分上诉人耿某在骑行共享单车，同时根据小区监控视频和侦查机关、小区物业出具的说明，可以证实嫌疑人实施放火的时间是 2017 年 9 月 12 日 4 时 6 分左右，且监控视频中未发现有人骑车进入小区，因此，根据共享单车行程路线图及截图证实，上诉人耿某与出现在案发现场的嫌疑人在时间上存在冲突。虽然太原市公安局小店分局平阳路责任区刑警队出具了"耿某放火案中共享单车时间说明"拟证实：经与共享单车公司客服了解，共享单车时间与北京时间有误差，但误差时间不是很大，具体误差时间为 5 分钟左右。但在没有共享单车公司及相关部门的认定的情况下，仅根据该情况说明来认定共享单车时间有误，显然证据不足。本院认为，在案现有证据不足以证实小区内车辆被点燃，系上诉人耿某所实施，亦不能排除合理怀疑得出唯一结论系上诉人耿某实施了放火行为，故原审法院认定上诉人耿某犯放火罪的罪名不能成立，依法应当宣告其无罪。

【典型案例 29】（2020）辽 07 刑再 2 号

裁判要旨：原一、二审控、辩双方的争议焦点主要是证据的审查、采信问题。

依据证据定案的原则，原一、二审载卷的证据尚不足以认定原审被告人韩某某实施了故意伤害（致死）犯罪行为。第一，本案缺乏认定原审被告人韩某某犯罪动机方面的证据。经审理查明，韩某某平素与任某均、王某并无任何恩怨，案发当天，韩某某到任某均家的目的是让任某均作为村支部书记给自己调剂土地，韩某某并没有加害与任某均同居的王某的心理准备和物质准备。韩某某到任某均家后，与任某均进行过语言交流，进而发生了语言冲突。但韩某某并未与王某发生语言冲突，二人未发生任何争执。第二，韩某某无论在侦查阶段，还是在法院审理阶段，始终未做过有罪供述。第三，本案唯一的目击证人任某均的证言前后矛盾，不合情理，不具有客观性、真实性。自 2007 年 5 月 13 日（事发第二天）至 2007 年 6 月 21 日，公安机关共询问任某均五次，任某均五次回答询问所陈述的韩某某来他家的时间每次都不相同；所陈述的韩某某是从西门进屋以及任某均持刀出门追韩某某时的喊话内容与其他证人证言均存在矛盾。第四，本案没有其他直接证据可以证实韩某某实施过故意伤害王某的行为。除任某均外，本案载卷的其他 11 名证人案发时均未在现场，11 名证人的证言均无法证实韩某某实施过故意伤害王某的事实。第五，本案缺乏作案现场勘查笔录和作案凶器的证据。载卷《刑事科学技术鉴定书》的鉴定结论为王某系被他人用钝物击伤头部，造成严重颅脑损伤继发脑疝而死亡。侦查机关刑事科学技术报告书证明，送检的茶缸等疑似凶器并未检出被告人的指纹，侦查机关亦未对砍刀做指纹及 DNA 鉴定。因此，本案无法认定作案凶器。综上，本院认为，本案中，原审上诉人韩某某未做过有罪供述，唯一的目击证人任某均的证言无法采信，且无其他可以证实韩某某实施过故意伤害（致死）行为的直接证据，因而，在案证据无法达到"证据确实、充分"的证明标准。据此，原公诉机关指控原审被告人韩某某故意伤害事实不清、证据不足，指控的罪名不成立。原审被告人韩某某无罪。

【典型案例 30】（2016）川 1112 刑再 4 号

裁判要旨：原审被告人王某某持有烟草专卖零售许可证，但在指定的烟草专卖部门进货，且无烟草专卖品准运证运输烟草专卖品异地销售，其行为违反《烟草专卖法》的相关规定，属于超范围和地域经营的情形，其行为不宜按非法经营罪处理。原判按非法经营罪对王某某判处有期徒刑一年十个月，缓刑二年，并对王某某的卷烟变卖款 115931 元予以没收，系法律适用错误，应予改判。原判事实清楚，证据确实充分，但适用法律错误。原审被告人王某某和辩护人关于王某某持有烟草专卖零售许可证进行批发真烟的行为属于超范围和地域经营，不宜按非法经营罪处理，应由相关部门进行处理，王某某的行为不构成非法经营罪的辩解和辩护意见符合法律规定，予以采信。

【典型案例 31】（2019）津 0101 刑初 277 号

裁判要旨：被告人任某在地下车库入口通道内驾驶机动车与躺卧状态的被害人接触，造成被害人死亡的结果，并不是出于被告人故意或者过失，根据一般常识和现场情况，被告人无法预见也不应当预见该通道内有躺卧的行人，因此被告人的行为不构成犯罪。公诉机关的指控不能成立。辩护人的辩护意见本院予以采纳。判决被告人任某无罪。

【典型案例 32】（2021）辽 14 刑终 65 号

裁判要旨：首先，本案的直接证据的真实性存疑。关键证人杨某、封某、张某、李某与本案存在利害冲突。杨某及封某、张某、李某分别作为施工单位及建设单位的主要负责人，对办理涉案项目的相关施工手续具有共同的利害关系，在办理相关施工手续的过程中，与上诉人王某某产生了矛盾，证言与书证存在矛盾，其真实性存疑。其次，本案的间接证据的证明力较弱，未能达到补强的证明标准。虽然证人姚某证明，其知道送给王某某 10 万元之事，但其是听杨某说的，属于传来证据，且姚某与杨某有亲属关系，其证言的证明力较弱；另外，杨某于 2013 年8 月 2 日存入案外人陈某账户的 10 万元现金，与施工单位现金员齐某证言所称借给杨某的 10 万元现金是否为同一笔款项存疑。最后，辩方所提供的证据不能排除存在真实性的可能。上诉人王某某的辩护人提供了一份录音光盘，在该录音资料中，王某某称"要不是讨要工程款一事，双方没有接触"，而讨要工程款一事发生在 2014 年，与杨某等人指证王某某受贿的时间存在矛盾。虽然辩方未提供录音的原始载体，但不能据此否定存在真实的可能性，不能排除合理怀疑；另外，原审出庭的证人杜某证实，杨某曾让其证明给王某某送过 10 万元；证人钱某证实，杨某曾让其说给过王某某钱。虽然不能确定二证人证言的真实性，但也不能排除存在真实的可能性，亦不能排除合理怀疑。综上，本案的相关证人与案件存在利害关系，可能影响到所作证言的客观性，且相关证言与书证之间存在矛盾，各证据之间未能形成完整的证明体系。经本院审判委员会讨论决定，改判上诉人王某某无罪。

【典型案例 33】（2015）茂中法刑二终字第 96 号

裁判要旨： 根据查明的案件事实和证据，上诉人杨某某与苏某等村民在 2011 年 3 月 2 日阻挠林某建房时，当地镇政府还一直拖欠着该村的征地款，这是引发本案的根本原因。本案中，尽管林某在陈述中提及杨某某威胁其及主动找其提出用钱解决土地问题的方案，但案中仅有其一人的陈述，并没有其他证据佐证其的说法，而案中有多名证人证实，在镇政府多次出面调处该村村民阻挠林某建房纷争无果的情况下，是林某多次找杨某某、苏某协调或者通过社会人士找杨某某协调，并主动提出由其补偿杨某某、苏某的个人损失，杨某某也一直辩解是林某主动找他或者通过社会人士向他转达要求代镇政府补偿征地款，上述证人证实的内容和杨某某的辩解内容相互印证吻合，足以认定在镇政府出面组织村民反复调处上述纷争无果的情况下，林某为了尽快建房，多次主动找杨某某、苏某协调或者通过社会人士找杨某某协调，提出补偿方案，由其补偿杨某某、苏某土地补偿款及青苗款等共计 4.1 万元。综上，原审判决认定杨某某以非法占有为目的，通过威胁手段强行索取林某财物的证据不足，对此应当查明纠正。此外，在案证据证实杨某某仅曾在 2011 年 3 月 2 日参与过一次村民阻挠林某建房的行为，原审判决认定其参与其他几次阻挠林某建房的证据不足，对此亦应当查明纠正。虽然上诉人杨某某参与过阻挠林某建房的行为，但案中没有证据证实杨某某企图通过阻挠林某建房逼迫林某交付财物的事实，由于杨某某没有以非法占有为目的索取林某财物的主观故意，客观上也没有实施逼迫林某交付财物的行为，因而杨某某的行为依法不构成敲诈勒索罪。尽管杨某某的行为尚未达到触犯刑律构成犯罪应当追究刑事责任的程度，但其与林某原来互不相识，两人本不存在法律上的权利义务关系，杨某某等村民如果认为镇政府尚未妥善解决拖欠征地款之事宜，则应当依法合理地主张和维护自己的权利，其通过阻挠林某建房来维权是对林某合法权益的侵害，应当为法律所不允，必须立即停止和不能再次发生，否则林某有权利向公安机关报案处理或者通过其他法律渠道解决；至于林某以征地补偿款、青苗款的形式已支付给杨某某和苏某共计 4.1 万元的问题，如果林某认为非己所愿，现在的状况有违初衷，其可以与杨某某、苏某协商要求返还，若协商不成，则可以采取其他合法途径解决。上诉人杨某某无罪。

【典型案例 34】（2016）鄂 28 刑终 133 号

裁判要旨： 原审被告人孔某某在销售木质棺材的过程中，为了赚取更多的利润，违反双方口头约定，隐瞒出售的棺材系用铁钉连接拼凑的真相，致使对方当事人产生错误认识而购买棺材，导致利益受损。但原审被告人孔某某在加工、销售棺材的过程中，购买木料，雇请木工加工，运输时办理了木材运输证、植物检疫证书等证件，主观上无非法占有他人财物的故意，其为了赚取更多的利益在销售棺材时隐瞒真相的行为，不符合诈骗罪的犯罪构成要件，不构成诈骗罪。原审被告人孔某某的民事欺诈行为给对方当事人造成的财产损失，可以通过民事诉讼途径解决。

【典型案例 35】（2015）渝四中法刑终字第 00120 号

裁判要旨： 第一，关于抗诉机关提出原审被告人曾某的行为符合《全国法院审理金融犯罪案件工作座谈会纪要》的规定，应认定曾某主观上具有非法占有的目的意见，经查，《全国法院审理金融犯罪案件工作座谈会纪要》的规定不是司法解释，不能直接适用；该纪要中规定的几种情形，是对金融犯罪领域中的诈骗行为进行认定时应考量的情形。而本案公诉机关指控的是一起普通诈骗案，在判断被告人的行为是否构成诈骗罪时不能用该规定来简单认定被告人的行为构成犯罪。故该抗诉意见不能成立，本院不予采纳。第二，原审被告人曾某因赌博输钱后，虚构了借款理由，同时也隐瞒了借款用途，这是曾某为了达到向被害人借款的目的而采用的一种方法，该行为满足了诈骗罪客观方面的表现形式。但认定曾某的行为是否构成诈骗罪，必须考量曾某在主观上是否具有非法占有他人财物的目的。因本案认定曾某主观上具有非法占有目的的证据不足，故不能因其行为表现而客观归罪。第三，原审被告人曾某的行为有一定的社会危害性，但曾某对其所借债务自始不具有非法占有目的，并为被害人权利得到实现采取了主动还款或约定还款的行为，故其行为不具严重的社会危害性。被告人曾某无罪，裁定驳回抗诉，维持原判。

后 记

在坚持中传承

父亲当兵时遭遇地震，从塌方里救出好几个战友。复员后他在村里当代课老师，每月收入只有微薄的十八块钱，还要坚持骑几个小时的自行车去县城读中专。收入微薄，不够读书和家用，寒暑假间隙，父亲就去当挖煤工人，用赚来的钱买回村里第一台14寸黑白电视机，让我们能通过这台黑白电视机，看到村外的世界。他对我们的说教不多，常挂在嘴边上的话，就是："穷人的孩子只有读书一条路啊！"说这话时，他的眼里总会有光。

除了对求学的执念，父母对我们最大的影响就是他们的善良。他们从不会让灾年讨饭的人甚至是丰年骗钱的人饿着肚子、空着手走。至乐莫如读书，至要莫如教子。我亲爱的儿子日渐长大，他天真烂漫，笑口常开。我也会把父母对我的教育传承给他。

我继承了父母的倔强，也继承了他们的善良。纵使在命运的浪花里跌宕起伏，我也要尽己所能帮助他人。对于代理的案件我力求严谨、竭尽所能。我常想，我不能让父母蒙羞，更不能对不住检察院对我十年的培养，不能对不住自己的律师职业操守，尤其不能对不住委托人、当事人于危难之时的那份信任。

感谢所有给予我们信任的当事人、委托人、客户，感谢关注、支持我们的所有人。感谢我们的团队。

感谢中国法制出版社，本套丛书的出版离不开编审人员严谨认真的审校工作。

感谢本书的读者。纵有风云起，人生不言弃！与诸君共勉。书里有一颗真诚的心，希望亲爱的你们可以体会得到。

律璞玉

2023年9月于北京

图书在版编目 (CIP) 数据

无罪辩护：刑事辩护思维与实务技能 / 张成，律璞玉著 . —北京：中国法制出版社，2023.9

ISBN 978-7-5216-3566-9

Ⅰ.①无… Ⅱ.①张… ②律… Ⅲ.①刑事诉讼 – 辩护 – 案例 – 中国 Ⅳ.① D925.210.5

中国国家版本馆 CIP 数据核字（2023）第 090268 号

责任编辑：程　思　　　　　　　　　　　　　　　　封面设计：周黎明

无罪辩护：刑事辩护思维与实务技能
WUZUI BIANHU: XINGSHI BIANHU SIWEI YU SHIWU JINENG

著者 / 张　成　律璞玉

经销 / 新华书店

印刷 / 保定市中画美凯印刷有限公司

开本 / 710 毫米 ×1000 毫米　16 开　　　　　　　印张 / 15.25　字数 / 230 千

版次 / 2023 年 9 月第 1 版　　　　　　　　　　　2023 年 9 月第 1 次印刷

中国法制出版社出版

书号 ISBN 978-7-5216-3566-9　　　　　　　　　　　　　　　定价：68.00 元

北京市西城区西便门西里甲 16 号西便门办公区

邮政编码：100053　　　　　　　　　　　　　　　　传真：010-63141600

网址：**http://www.zgfzs.com**　　　　　　　　　　编辑部电话：**010-63141796**

市场营销部电话：010-63141612　　　　　　　　印务部电话：**010-63141606**

（如有印装质量问题，请与本社印务部联系。）